清华大学学生绿色实践成果系列丛书

清华大学绿色大学办公室 / 组织编写

城矿之路

“赴天津与荆门调研中国城市矿产的现状与未来”支队 / 编著

CHENGKUANG ZHILU

——中国城市矿产科普图册

中国环境出版社 · 北京

图书在版编目（CIP）数据

城矿之路 ：中国城市矿产科普读物 / “赴天津与荆门调研中国城市矿产的现状与未来”支队编著. -- 北京 :中国环境出版社，2017.9
（清华大学学生绿色实践成果系列丛书）
ISBN 978-7-5111-3256-7

Ⅰ. ①城… Ⅱ. ①赴… Ⅲ. ①城市－矿产资源－中国－普及读物 Ⅳ. ①P62-49

中国版本图书馆CIP数据核字(2017)第154898号

出 版 人 王新程
责任编辑 黄 颖
责任校对 尹 芳
装帧设计 宋 瑞

出版发行 中国环境出版社
（100062 北京市东城区广渠门内大街16号）
网　　址：http://www.cesp.com.cn
电子邮箱：bjgl@cesp.com.cn
联系电话：010-67112765（编辑管理部）
010-67175507（科技图书出版中心）
发行热线：010-67125803，010-67113405（传真）
印装质量热线：010-67113404
印　　刷 北京中科印刷有限公司
经　　销 各地新华书店
版　　次 2017年9月第1版
印　　次 2017年9月第1次印刷
开　　本 787×1092　1/32
印　　张 3.875
字　　数 100千字
定　　价 25.00元

序一

清华大学自1998年在国内高校中率先提出以“绿色教育”“绿色科研”和“绿色校园”为主要内容的绿色大学建设，将可持续发展理念融入大学人才培养、学科建设、科学研究和校园建设的各个环节。党的十八大以来，党和国家对生态文明建设重视空前。“十三五”时期，“绿色发展”被放在重要位置，融入了五大发展理念。社会对具有环保意识和环保技术的人才需求变得更加迫切，对大学教育也提出了更新、更高的要求。

在国家生态文明建设和学校绿色大学建设的时代背景下，清华学子依托校内绿色课程和实践平台，开展了一系列丰富多彩的绿色行动。他们或以学校社团为平台，开展各类宣传和实践活动，努力扩大绿色、环保的理念在校园中的影响力；或深入社会基层，探访中国各个地方的城市、农村的生态现状，积极为美丽中国建设提供创新思路。

本系列丛书收录了多年来清华大学学生绿色实践的典型案例，从一个侧面生动地反映了清华大学绿色教育的经验和成果。希望同学们再接再厉，发挥不同专业的特长和优势，为生态文明和美丽中国建设贡献自己的力量。

清华大学绿色大学办公室

序二

我国是一个人口与资源大国，却也是一个人均资源小国。面对日益增大的发展需求，国家对资源的渴求也越来越大。然而，由于初期的粗犷式开发，我国的地下资源日渐供不应求。同时，已经开发利用的资源已不断在城市积累，这些产品进入生命周期末端后又带来了新的环境问题。

由于没有完善的垃圾分类、回收、再利用的机制，许多可以利用的资源被当成废弃物而丢弃，其量之大造成了“垃圾围城”的现象。我国汽车保有量大，且还在不断上升，但是国内的拆解规模和技术还远未达到要求，大量报废汽车的回收处理是一个大的难题。建筑废物往往被随意堆放在市郊，既占用了可用土地又影响城市周边环境。面对这些废弃物，我国的处理还存在很多问题。首先，“垃圾也能成为资源”这一概念在国内的认知程度还不足，人们还没有意识要完善“资源—废弃物—资源”这一循环。其次，国内政策法规体系不健全，缺乏有效的激励机制来促进回收处理企业提高回收处理效率。最后，我国还没有建立有效的生产者责任延伸制，一方面使生产者在生产设计时往往忽略对环境影响，另一方面则没有承担消费末端产品回收的责任。

城市矿产的开发是国家战略性新兴产业。首先，把城市中的废弃物看作城市的矿山就是对传统观念的突破。其次，开发城市矿产就是把资源的来源由地下转为地上，为国家发展的需要找到了新的血液。最后，开发城市矿产使得“资源—废弃物—资源”这一循环变得完整，不仅破除了“垃圾围城”的困局，而且符合可持续发展的需求。

城市矿产开发涉及生产、回收、处理、消费等多个环节。然而我国普通民众对这些环节的认识不足，因此希望通过科普使人们在这方面有共识。实际上，对于普通民众来说，城市矿产往往会与真正的“矿产”混淆。这方面现在还没有一本面向普通民众的科普书籍。为了填补这一空缺，清华大学的一群同学决定利用一个暑假的时间，结合课堂中所学的知识以及社会调研所得的信息，编写一本面向普通民众的、图文并茂的城市矿产科普图册。本图册在城市矿产的来源、现状以及未来发展方向等方面进行科普，力求让读者对中国城市矿产有一个完整的概念知识。

李金惠

2016 年 9 月

前言

本书由清华大学环境学院2016年暑期实践“赴天津与荆门调研中国城市矿产的现状与未来”支队编写而成。2016年7月，本支队通过参观座谈以及电话采访等方式完成调研。一方面，为了填补中国城市矿产的科普图书的空白；另一方面，为了使本支队的成果能扩大影响，本支队结合课堂所学以及调研所得编写出本书。

本书内容分为七个部分，围绕城市矿产的历史进程，向读者介绍中国城市矿产的现状与未来。各部分执笔人员如下（排名不分先后）：第一部分，李志彬；第二、第三部分，白鸽；第四部分，张琪、李楠；第五部分，王灏鑫；第六部分，张京辉、李明煜、王轶冬；第七部分，梁迪隽。

清华大学环境学院李金惠教授与刘丽丽博士对本书给予了指导，在此表示感谢！由于时间仓促，书中难免有不妥之处，敬请广大读者批评指正。

编　者

2016年9月

目录

目录

目录

目录

第一部分　城市矿产基本知识

1 城市矿产的概念

城市矿产又称城市矿山、都市矿山等，是由日本东北大学教授南条道夫在 1988 年首次提出的概念。城市矿产是一种十分形象的比喻性说法，就是指城市中某些可回收、可再生的资源，区别于“天然矿产”。从“天然矿产”中，人们可以开采获取各种金属资源，或者通过进一步加工可以得到玻璃（玻璃的原料包括石英砂、石灰石、长石等）等其他材料。那么，与天然矿产相对，城市矿产主要是从城市的一些废弃物中，最主要的是一些电子废弃物中，通过有计划的回收处理，获取得到金属资源和其他材料。

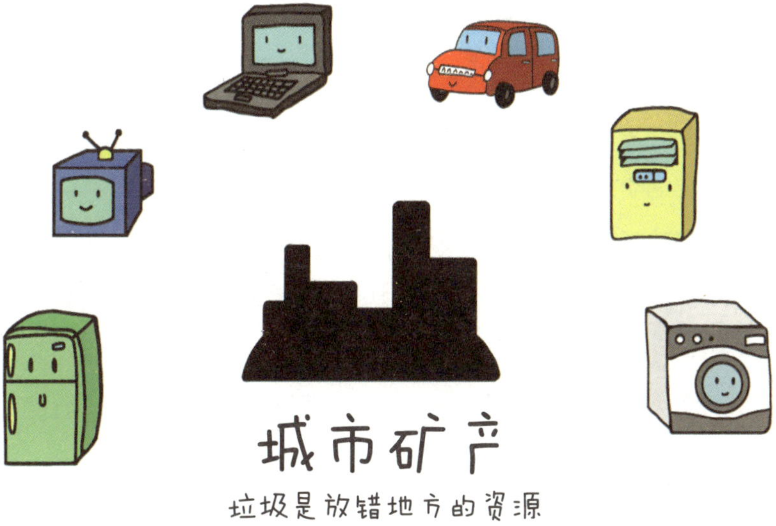

对于城市矿产概念的内涵，目前在政府、企业和科学家三者之间，可能略微存在一点差异。接下来本书分别对这三个方面做一些简单的介绍，以进一步明确城市矿产的定义。

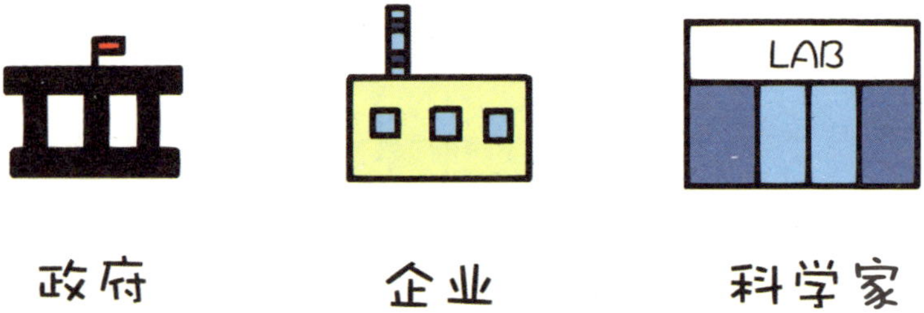

（1）政府角度

在国家发展和改革委员会文件中，可以看到政府对城市矿产的官方定义，即“在工业化和城镇化过程中产生和蕴藏于废旧机电设备、电线电缆、通讯工具、汽车、家电、电子产品、金属和塑料包装物以及塑料中，可循环利用的钢铁、有色金属、贵金属、塑料、橡胶等资源。”这段定义通过列举的方式，对城市矿产的原料和产品做了清楚的说明。同时也可以看出，电子类产品或者电子废弃物是城市矿产来源的大户。不管是废旧机电设备、电子产品，还是生活中常见的家电、电线电缆、通讯工具等，都可以归入广泛的电子废弃物的范畴中。除了电子废弃物外，城市矿产还包括废旧汽车、金属和塑料等其他领域。我国目前尚没有针对城市矿产的专项法律，对于城市矿产回收利用的法律政策均以再生资源或循环经济的形式予以规定。在法律层面，现行规范绝大多数以各种“意见”“通知”“办法”等形式出现，没有一部由全国人大通过的法律专门规范城市矿产回收利用及其产业发展。

（2）企业角度

面对相同的问题，企业给出的答案却并不统一。有的表示，城市矿产的范畴大于城市矿山。在这一方看来，城市矿山仅仅包括金属的回收处理，而城市矿产除了包含城市矿山外，还包括城市油田和城市森林等。还有人提出，城市矿产是城市矿山的再加工，一些深加工产品属于城市矿产，而不属于城市矿山。或者还有人认为，这两个词语之间并没有本质上的差别。本书拟采用城市矿山与城市矿产等价的说法。实际上，相比于定义，企业考虑更多的是如何盈利，对名称的问题上并不十分在意，因此会有各种各样的认识。不过可以看出，“十二五”规划中已经完成建设的约 49 座城市矿产示范基地，已经涵盖了废钢铁、废铜、废铝、废铅锌、废塑料、废纸、废橡胶、 报废汽车、废弃电器电子产品、废玻璃等主要再生资源类型。

（3）科学家角度

面对城市矿产的定义，科学家们表示，没有必要太过纠结定义的范围。争论这些东西没有任何学术上的意义。所谓的定义只是为了工作的便利。定义的内涵可以根据工作的需要进行增删。随着城市矿产工作的推进，可以加入更多领域和更多方面。国家发展和改革委员会给出的定义也是根据行业的发展现状和发展需求而制定的。所谓的城市矿产，我们可以从两个方面理解：一种是狭义的，就是现在的国家发展和改革委员会提出的定义，这些领域一般发展得较为成熟；另一种是广义的，包括所有的城市里有利用价值的可利用的废弃物，是潜在的城市矿产行业。

2 人们的思想认识转变

（1）废物

在人们认识到环境问题的严峻性之前，人们可能更多的是把这部分废弃物真正地当作“废物”来看待的。在工业文明刚刚起步的阶段，环境问题还没有引起人们足够地重视，人们很少有对电子废弃物污染的危害上的研究，或者由于当时的生产水平，城市废物危害性的问题并没有得到凸显，城市废弃物中的资源也还没有表现出提取的价值。当时人们的认识，也导致了目前电子废弃物总量巨大、潜在风险大的特点。

目前，在工业欠发达地区及广大农村，电子废弃物等城市矿产资源，仍然没有得到很好的处理。电子废弃物的潜在风险依然较大，城市矿产领域的发展仍然受到较多因素的限制。城市矿产的发展潜力依然巨大。

（2）资源

随着环境问题的不断凸显，人们开始注意到电子废弃物对环境的危害和影响。电子废弃物中含有多种有毒有害物质，如铅、镉、汞、六价铬等重金属元素。作为电冰箱和空调制冷剂的氟氯烃，对平流层的臭氧有很大威胁。电视机和计算机中的阴极射线管和印刷电路板中含有大量对环境和人体有不利影响的物质。这些废弃物如果不加以处置，就会成为环境的巨大威胁。

同时，人们也发现了电子废弃物中潜在的价值。正如简·雅各布斯在她的著作《城市经济》中提到的，那时的人们已经开始产生了一些治理废弃物的“新思路”。一些废弃物再生产业已经有了初步发展，并产生了较高的利润。于是，从电子废弃物和报废汽车等产品中提取资源，逐渐形成了人们处理这类废弃物的基本思路和措施。

随之而来的是人们对利益的追逐。一些人看到，从这些原本的废弃物中，可以提取得到很多金属及其他资源，可以获得丰厚的利润。但是，从废弃物中提取这些资源，如果没有经过规范化的处理，很可能造成更大的环境危害。国内比较著名的电子废弃物污染事件是广东贵屿的电子垃圾污染。这里曾经被称作“世界电子垃圾之都”，每年处理的垃圾达到上千万吨。由于电子垃圾的特殊性，其处理需要较高的科技水平才能实现无害化处理，但该地区仅采用简单加热、酸洗的办法进行处理，造成了严重的环境危害。因此，如何实现电子垃圾的规范化、无害化处理，如何实现电子废弃物的综合管理，成为这一时期城市矿产领域面临的新问题。

（3）矿产

根据日本东北大学南条道夫和中村崇两位教授的研究，人们发现了这些物质惊人的开采价值。根据多方面资料，每吨废旧手机中可

以提炼 400 g 黄金、2.3 kg 银和 172 g 铜；每吨废旧个人电脑中则可以提炼出 300 g 黄金、1 kg 银、150 g 铜和近 2 kg 稀有金属等。然而，即使是品位很高的天然矿产，开采 1 t 金砂也仅能得到 5 g 黄金。从这组数据的对比中，我们可以认为，城市矿产具有比天然矿产更大的开发价值和开采潜力，城市矿产可以看作是极高纯度的优良矿产。而且，随着工业文明的不断发展，这些曾经被我们当作是“废物”的东西，现在的数量高达数千亿吨，并还在以每年百亿吨的数量增长。因此，这些“矿产”又是“永不枯竭”的，这也是与天然矿产很大的不同点。在未来，城市矿产甚至有可能取代天然矿产，成为人们获取金属等资源的主要途径。至此，人们对它们的思想认识开始上升到“矿产”的阶段。

（4）规划

在明确城市矿产的巨大发展前景和发展的必要性之后，我国从“十二五”期间就开始制定关于城市矿产的一些未来的发展规划。在“十二五”规划中，我国提出的发展目标首先是要“建设 50 个技术

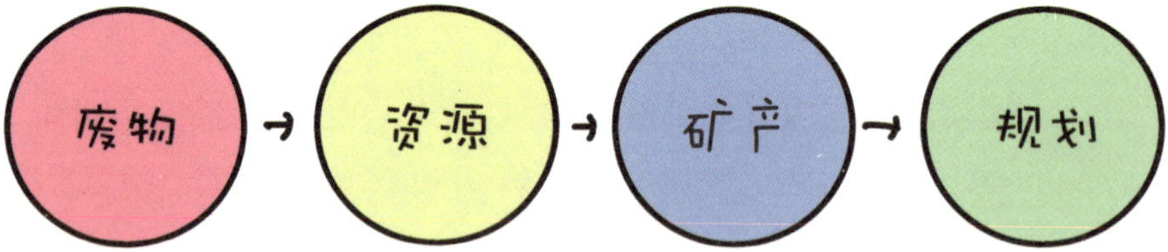

先进、环保达标、管理规范、利用规模化、辐射作用强的城市矿产示范基地……”目前，建设城市矿产示范基地的目标已基本完成。2016年，我国“十三五”规划纲要继续发展城市矿产，逐步推动城市矿产的开发利用，推动固体废弃物的资源化利用。各地方也陆续出台城市矿产的发展规划和管理办法。这些规划和管理方案将从政策和法律规范的角度，逐步促使相关企业对城市矿产原料进行合理地开发和处置，取缔不合法的企业，保障城市矿产行业的健康有序地发展。

3 城市矿产的发展历程

（1）思路产生

目前，大家基本公认的最早阐释城市矿产，或者说叫城市矿山这一发展模式的著作，是美国都市规划家简•雅各布斯的《城市经济》。1961年，简•雅各布斯女士就率先提出了“城市是未来的矿山”这一发展理念。在该书的第三部分的“城市是座矿藏”这一节，作者颇有远见地发现了城市在废弃物处理上的一些解决问题的线索，那就是废弃物的再生。这应当是现代城市矿产概念的最早阐释。

为了印证自己的观点，简•雅各布斯女士列举了一些半个世纪前的废弃物再生的实例。比如，当时日本制造商生产的一种将垃圾压实，包裹在建筑材料中，从而将垃圾用于建筑。纽约某区将餐馆垃圾转化为肥料。对于大气污染，宾夕法尼亚州某工厂已经开展了从燃料堆中收集二氧化硫并转化成硫酸的试验等，这些都是城市矿产的早期探索。不过当时并没有城市矿产这个概念。但是当时，一些废弃物再生产业已经有了很高的利润，比如芝加哥的废旧汽车零件的翻新、废纸的再利用等。

在介绍废纸的再利用时，作者强调了一份广告。该广告将纽约市比喻为“混凝土森林”，把城市比作森林，就我们现在所知，“城市森林”是城市矿产的一个项目，而在半个世纪前就已经有如此巧妙的想法和广告，不能不令人称奇。

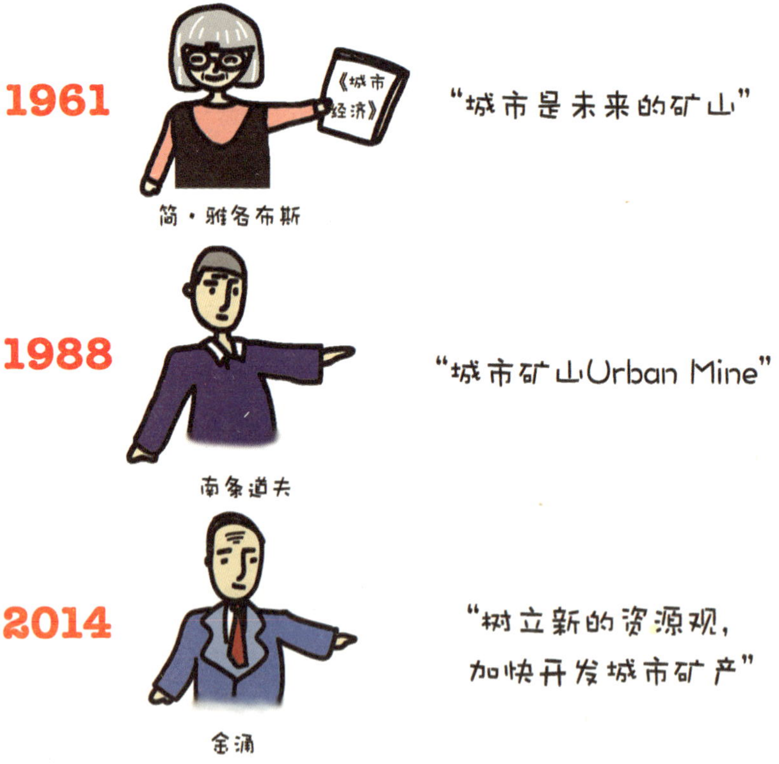

（2）概念提出

城市矿产这一概念的真正提出，要首先归功于日本东北大学选矿制炼研究所的南条道夫教授和他的研究团队。他们在 1988 年首次提出城市矿产，也叫都市矿山。这个研究团队首先通过对日本国内蓄积的可回收金属总量的计算，得出了一个令人惊叹的统计数字和结论。根据日本专业杂志《金属时评》公布的资料，日本在电子产品中的金储量达 6 800 t，银储量达 6 万 t，储量均位居第一。日本成为世界上最大的金、银、铅和铟的资源国，这个结论令世人咋舌。他把这些可再生的城市金属来源比喻成城市矿产。这是一个十分形象而精妙的比喻。

后来，日本东北大学的另外一位教授中村崇又进一步提出了“人工矿床计划构想”，也逐步完善了开发城市矿产的概念。至此，城市矿产的概念已经上升到了理论的高度，并逐步向其他国家传播开来。

（3）国内接受

城市矿产概念走入国内，首先也是在一大批学者和企业的先行者的推动下才实现的。其中，中国工程院院士金涌等人对此作出了突出的贡献。2014 年 11 月 1 日，在 2014 中国循环经济发展论坛上，金涌院士对如何加快开发城市矿产及亟待解决的问题进行了阐述。在这一批科学家和企业界人士的共同努力下，目前，废弃物再生、城市矿产的发展战略和发展前景已经基本形成了。

（4）试点规划

在学界、政界和企业界对城市矿产、“废弃物再生”基本达成共识后，国家“十二五”规划明确提出了城市矿产的发展目标，即要“建设 50 个技术先进、环保达标、管理规范、利用规模化、辐射作用强的城市矿产示范基地……” 2015 年，国家发展和改革委员会、财政部联合批复了第六批国家城市矿产示范基地，这表明了我国“十二五”期间建设城市矿产示范基地的目标已基本完成。

2016 年，“十三五”规划纲要中继续提出城市矿产的发展理念。纲要指出要“推进生产和生活系统循环链接，加快废弃物资源化利用”。这表明国家正在着力推动城市矿产的开发利用，推动固体废弃物的资源化利用。

4 主要原料及其分类

从国家“十二五”规划建设的 49 家城市矿产示范基地所涉及的领域，我们基本上就可以看出城市矿产的主要原料及其分类。这 49 家城市矿产示范基地的主营项目，主要包括以下一些方面。例如，废旧金属、废弃电子电气产品、废旧汽车、废塑料橡胶玻璃等可再生资源产品的回收利用。这些产品，基本覆盖了社会生活的各个方面，基本涵盖了循环经济产业的主要领域。

（1）报废电子产品

报废电子产品首先包括我们生活中常见的家用电器，比如“四机一脑”，即电视机、冰箱、空调、洗衣机、电脑。它们也是首批进

入废弃电器电子产品名录的电子产品。因为这些电器在普通住户中比较常见，报废量也比较大，所以国家对这些电器产品的关注度较大，这些电器的回收处理拥有特定的管理条例，相关城市矿产企业也对这几种主要家用电器有特定的拆解工作线、拆解工人和拆解工作流程，如电冰箱拆解线、液晶电视机拆解线、电脑主机拆解线等。企业会通过机械或人工手段，将家用电器拆分开来，得到电路板、集成电路接头和其他零件，并分别进行回收处置和深加工，处理得到金属产品、木塑产品等。

除了生活中常见的家用电器，报废电子产品还包括一些电子仪器等。这些有的是研究所、大型公司或者学校等地方报废的电子仪器。针对这些仪器，目前可能没有集中化的处理生产线，这些专用仪器通常需要经过特殊处理，达到电子废物处理处置的特定标准。

（2）废旧电池能源

废旧电池通过回收、拆解，再经过深加工等各种工序，可以回收钴、镍、钨等稀有战略金属资源。中国的金属钴资源非常缺乏，通过金属钴的回收，可以支持国内市场。目前电池材料的回收拥有很大的发展市场。比如，荆门市格林美新材料有限公司，更是把废旧电池循环利用产业链作为自身发展的主要产业链。格林美公司每年回收废旧电池的数量，回收钨资源产量，动力电池的生产量等均能够占到国内市场的很大比例。企业可以通过废旧电池循环利用产业链，来支持企业其他产业链的发展，并能够实现经济上的盈利。

（3）动产

这里说的动产，是指人们日常生活中所用到的交通工具。包括报废汽车、自行车、船舶、飞机等。前面提到的半个世纪前，芝加哥就有从事废旧汽车零件翻新的行业，就是现在报废汽车处理处置的雏形。关于动产，现在仍然主要是针对报废汽车的处理处置。2015 年，我国年报废汽车量为 1 000 万～1 200 万辆。目前，我国汽车市场也在逐渐进入更新换代的高潮，也正迎来机动车报废的高峰期，报废量巨大。全国报废机动车回收也继续保持快速增长势头。截至 2012 年年底，我国报废汽车回收拆解的企业已经达到 522 家。从量上看，报

废汽车的回收，也是城市矿产开发利用的重要组成部分。

报废汽车回收是我国重要的再生资源产业。一辆汽车所包含的绝大多数的钢铁、零部件等都可以重新回收利用的，其他诸如塑料、玻璃也能有很大的回收量。对报废汽车的回收处理，国务院签署了《报废汽车回收管理办法》等相关法律法规，以保障报废汽车行业的健康发展。

（4）各种容器

城市矿产的原料还包括废塑料、废玻璃瓶、废罐头盒等。这些在目前并不是城市矿产的主要成分。这很可能与企业很难通过回收这些物品获得较高利润有关，即有一些企业会出于自身发展的考量而不回收这类物品。这些原料回收处理行业的发展，受到市场诸多因素的限制。比如玻璃的回收，最终只能以市场上玻璃的售价出售，扣除玻璃的回收成本，利润就相对较薄了。

（5）其他

城市矿产的其他原料还包括化工行业的催化剂废料、建筑物废料等。催化剂回收可以得到某些稀土元素和贵金属等，也属于较高品质的城市矿产原料。建筑材料的回收，包括铁路、沥青、沙砾等，可以重新用作建材和结构材料。还有市政污泥的处理等，也可归入城市矿产的范畴中。

第二部分　城市矿产的现状

1 储量

从 20 世纪 90 年代开始，我国的家用电器普及率上升，汽车保有量逐渐增大，类似产品也在方便大众的同时更加普遍地走进千家万户。与发展的速度齐头并进的，是这些产品更新换代的速度。随着第一批家电的使用年限已经超过 15 年，第一批汽车也早早到了报废年限，且各种产品的使用量巨大，中国大地上正在逐渐堆积起这些“无用之物”，从报废家电到报废汽车，从废旧电缆到橡胶轮胎等。如果加以利用，这些废弃物堆积如山，却也是我们可以开发的城市矿产，并且从现在的形势来看，未来城市矿产的储量十分可观。

首先，我国目前尚在使用中的、会在将来进入回收渠道的城市矿产保有量大。截至 2011 年年底，我国汽车保有量接近 1 亿辆，单单一年的新增量就接近 2 000 万辆，如此大的使用量必定也会带来巨大的报废量，截至 2011 年年底，年报废汽车已经超过 300 万辆，也就

是说，这一年就有 300 万辆汽车堆积成“矿山”，它们都可以走入城市矿产回收的生产线。再比如根据工信部的数据，截至 2014 年年底我国移动电话用户数已经达到近 13 亿，并且如今手机的更新换代速度如此之快，集成程度如此之高，废旧手机也会成为城市矿产回收的又一个活力原料仓。2013 年中国废旧手机产生量为 7.99 亿部，已经是一个稀贵金属回收的矿山。在家电方面，2003 年我国的电器电子产品报废量就已经很大：电脑 447 万台、电视机 4 229 万台、电冰箱 976 万台，2005 年洗衣机报废高峰期我国洗衣机的年报废量更是达到 1 521 万台，更不用提我国每年生产 300 万 t 的 PET 塑料瓶和很多的使用寿命短的可回收产品。

在这样的情况下，未来这些产品的废弃量也将会十分巨大。未来也是我国城市里矿产的迅速积累时期，报废家电、汽车、塑料的年平均增长速率分别为 10.9%、18.9%、11%。据预测，我国 2020 年当年将产生废旧汽车近 1 400 万辆，再生资源回收潜力约 3 100 万 t，同时，预计我国 2020 年“四机一脑”总报废量达到 20 306 万台，总重量达到 638.2 万 t。对于城市矿产而言，它所储存的矿产资源包括但不仅限于它们，在未来可回收的资源也将数量庞大。据预测，2012—2022 年，报废家电、废旧汽车一共可以拆解得到约 1.4 亿 t 废钢铁、500 万 t 废铜、200 万 t 废铝、1 500 万 t 废塑料、100 万 t 废轮胎和近 400 万 t 废玻璃，可以看到城市矿产中储藏的资源还是非常巨大的，虽然不同的处理技术会影响矿藏开发出的成色，但有关研究中给出的金属资源开采潜力还是十分可观的，预测 2020—2040 年，铜资源开采潜力将由 330.5 万 t 上升到 808.7 万 t，钢铁资源开采潜力将由 22 350 万 t 上升到 71 160 万 t，铝资源开采潜力将由 930.4 万 t 上升到 3 697.9 万 t，铅资源开采潜力将由 549.3 万 t 上升到 1 208.2 万 t。

正因国家迅速发展的同时消费了数量巨大的各类产品才会有城市矿产的产生，然而又由于国家战略性资源的紧缺以及废旧产品的可回收利用价值，我们又会用城市矿产的视觉来看这些废弃物。报废量也是资源量，快速发展也是资源的快速积累，我们拥有的城市矿产也是储量越来越丰富的且离我们零距离的资源库，以它高质量的资源和丰富的储量等待我们去开采。

2 开采成本、效率

从目前城市矿产行业的发展情况来看，在不同的回收生产线上的资源回收成本不尽相同。以废旧家电、电脑、电视机、洗衣机、电冰箱、空调机为例，在企业进行拆解之后的盈利不大，这有一部分原因是资源开采技术不够完善，导致拆解分离所得的金属等材料的价值不大，另一部分原因也是拆解分离所得的铜、铁、铝的价格受市场影响较大，所以在进行家电拆解回收的正规企业，都有国家资金来进行补贴。另外，以电池回收为例，部分企业可以相应地进行进一步提纯得到品质较高的粉末镍等材料，这样可以为相关回收的企业带来可观的盈利。目前，从事城市矿产开发工作的一些相关企业也都在保留传统生产线（如废旧电池回收）和从事国家补贴的拆解工作的同时积极开发城市矿产的精深加工生产技术，现在比较成熟的有将粉末塑料与木质粉末混合制成木塑产品、线路板经物理和化学方法回收得到高纯度的稀贵金属等。可见在国家政策的扶持与行业技术发展的情况下，高效开采城市矿产的局面必会出现，到时也会为相关产业带来盈利，为行业带来生机。

因此，相关企业对于开采成本主要以对比销售之后的净盈利情况来考虑，对于企业来说，国家给予补助和一些传统的回收工作以及从新技术开发拆解后的精深加工工作，三点都可以作为盈利点。

3 对环境的影响

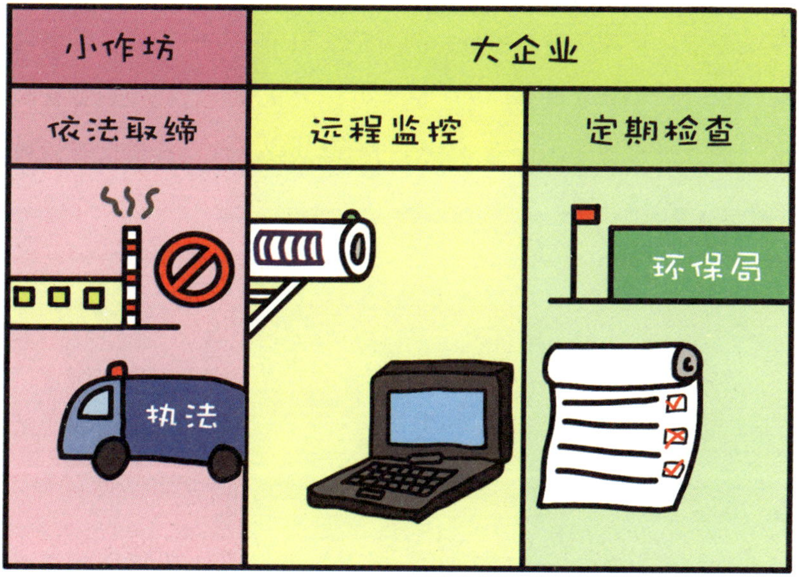

由于城市矿产开采过程也是资源开发的工业过程，其中的环境影响是否合格达标，循环经济的过程中又是否带来了环保负担，这些问题也受到各界关注。其实在环境影响方面，如果进行相关行业的实地探访，便会明白这些年在国家对于城市矿产废弃物回收工作的园区化约束下，像以往那些高污染的小作坊回收生存空间已经越来越小，并且作为环保执法的重点对象，这些小作坊也在执法强力的作用下逐渐瓦解。在城市矿产回收工作的园区内，对于危险废物的处理处置一直有当地环保部门进行远程视频监控和定期检查，园区的废水、废气和

废渣也必须达到国家标准才允许排放到园区外，一些园区还自己建设了污水处理装置和废渣回收再利用装置，将可能出现的污染控制的同时，实现园区内工业废物的循环再利用。在国家批准建设的城市矿产示范基地中，正规企业从事资源的可持续利用的同时其环境影响也在园区建设过程中就受到了约束，因此，扩大发展园区正规企业从事城市矿产的开发，挤压高污染小作坊的拆解回收工作，是降低行业环境影响的必经之路。

第三部分　发展城市矿产的意义

空调

1 不回收对环境的危害

（1）占用空间 传播疾病 安全隐患

随着国家对再生资源产业越来越重视，对于城市矿产的回收利用先是建立试点城市，再是建设一批又一批的国家级城市矿产示范基地，从政策和资金上都给予支持，城矿行业蓬勃发展。对于城市矿产中所包含的四机一脑、报废汽车、废旧橡胶轮胎等资源，如果不进行回收处理，搁置它们会占用空间，导致大量的土地资源不能很好地被利用，而且这些废弃物在搁置过程中不易分解，仅仅搁置而不处置短期内它们不会明显减量，不仅长期占地，还存在有害物质渗入土地的风险。

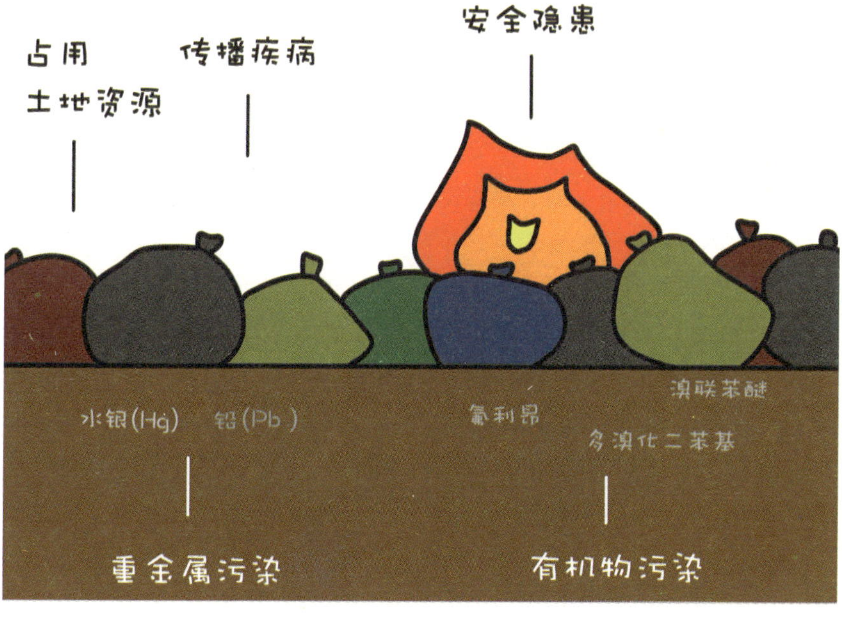

不仅如此，一些废弃物的堆放搁置会产生不良影响，如废旧橡胶轮胎的堆放，堆放过程中极易滋生蚊虫传播疾病，而且橡胶轮胎属易燃品，堆放过程中可能引发火灾给社会安全造成影响。

（2）潜在污染

目前，城市矿产包含的废旧资源很大一部分是电子废物。在电子废物中含有几十种金属，有很大一部分为有毒重金属。例如 CRT 电视机，即我们过去常看到的背壳厚厚的电视机，它的显像管中含有铅、铝等金属，有潜在的损伤人体健康的危害，如损伤神经系统、造成老年痴呆等；报废手机和电脑中所含的印刷线路板，其中也有汞、铅等有毒成分，同样可能威胁到人体健康。

另外，电子废物中还含有有机污染物，部分有很大的潜在危害。现在报废的电冰箱很多为 20 世纪生产，其中含有的氟利昂制冷剂就有破坏臭氧层的可能。有一类物质溴化阻燃剂，其中含有的多溴联苯醚和多溴化二苯基会影响胎儿的发育和增加消化系统和淋巴系统患癌症的风险。

2 不合理处置的危害

城市矿产资源如果只是搁置会有潜在的不良影响，如果对其进行不合理的开发，它们带来的危害比不进行处置要更加严重。

（1）环境风险

在城市矿产资源尤其是废旧电子废物的处理过程中，如有不慎会造成污染物的外排，同时污染物会在周围水、大气、土壤等环境介质中停留甚至进一步传播。这些环境影响日积月累便会使当地环境恶化，尤其是如果处理处置方法落后、监管力度不强时，情况尤为严重。

在环境水体中进行监测可以发现，废旧电子废物集中处理中心的周围水环境表现异常。铜、镍、镉、锌、汞、砷含量都有显著异常。河流底泥中重金属含量较大，部分重金属污染相当严重。同时在水中沉积物中还可以发现持久性有机污染物，这些情况都给水体带来不小的环境风险。

由于很长一段时间我国电子废物处理为酸浸或者火烧，其造成废液和废气以及粉尘的排放不仅影响水环境，而且影响大气环境。调查研究显示，处理中心周围环境大气中持久性有机物污染严重，可达对照组的 7 倍之多，并且在电子废物拆解的地区，大气颗粒物中重金属污染现象存在且严重。

不仅如此，在不合理处置下，土壤环境也没能幸免。调查显示出的有机物污染浓度远超过以往报道的调查结果。对土壤的污染同时也在向农田侵袭，在农田取土样研究后发现当地污染物正在向农田迁移。电子废物集中处理地区的重金属污染风险也很高，污染区的土壤重金属浓度可达到对照地区的数倍甚至数十倍。

（2）生态风险

以电子废弃物为代表的城市矿产资源如果不经过合理开发处置，污染也会通过介质传播给整个生态系统，当地生态风险也会因此升高。例如，在电子废物集中处理中心周围的河道进行研究，所捕捞上来的河道内的鱼也呈现“亚健康”状态。鱼肉中的部分有机物含量甚至可与我国香港某地的同种鱼相差 2 ～ 4 个数量级。对某一河道内多种生物研究也可以发现污染物浓度：水蛇＞鲮鱼＞乌鳢＞鲫鱼＞田螺，具有沿食物链富集的特点。对于植物来说，污染随水或土壤进入植物体，调查得到的结果也与此相同：植物地下部分会受影响而含有较多污染物，同时这些污染物水平比对照组也要高出几倍到几十倍。生活在土壤中的微生物自然不能幸免于难，但由于微生物对于污染的耐受能力不同受到的影响也不同，现阶段对这方面的研究还比较少。不过对土壤的污染并没有导致土壤微生物多样性的锐减，部分污染严重地区的多样性还高于对照地区，这说明污染物使微生物功能发生了明显的分化，科学家也在利用这一点来探索培育可以降解污染物的菌株。

（3）健康风险

人类是所有生物链的顶端，在生态系统中流动的污染物最终也会流动到人体内。所以城市矿产的不合理处置最终也会影响人类的身体健康。

电子废物集中处理中心周围的农作物已是被污染影响的植物，水中常见的食用鱼的污染物含量高于正常值，甚至处理处置地区周围的鸡肉、鸡蛋中也可以检测到较高浓度的持久性有机污染物。对居民进行体检也可以发现，电子废物拆解地区的儿童血铅含量显著高于其他产业地区，拆解活动越密集，儿童血铅含量超过 10 μg/L 的比例越大，有的甚至能达到抽样人数的 100%。对于婴儿脐带血铬的研究发现部分地区新生婴儿血铬浓度已经达到非常惊人的地步：2006 年和 2007 年几何均值达到 306 μg/L 和 100 μg/L，而人体血液血铬的正常值为 0 ～ 0.2 μg/L。对这些地区的公众健康调查显示，在人的血液、头发、尿液中均可以检测到重金属物质，而且儿童比成年人更容易受到影响，居住地离拆解处置地近的比远的更易受到影响，从事相关工作的人员比仅仅居住在当地的人员更容易受到影响。对人体健康的具体影响则为：一些癌症的发生与高水平的有机污染物有关，儿童智力发育受到铅污染的限制，儿童身高显著低于对照地区，居民染色体畸变率显著高于对照组居民，产妇和新生儿甲状腺激素水平及受体表达受到影响，新生儿脐带血淋巴细胞 DNA 较对照组损伤严重，居民脊椎病、痛风、甲亢、肝功能不良、骨质疏松患病率明显偏高。可见城市矿产开采过程中的不合理处置会对人体健康造成多大的影响！

3 发展城市矿产对资源环境的意义

（1）节约资源能源和保护环境

①餐厨

餐厨垃圾中含有的大量有机物可经生物堆肥制成有效的有机肥料，并且餐厨垃圾也可用于产沼气、沥干后焚烧发电，由于餐厨垃圾占生活垃圾的很大一部分，所以加以利用可以对我们的能源网络起到很大的补充作用。

②废纸

造纸以树木为原料，而我国的森林覆盖率 14%, 本就相比世界平均水平 22% 少很多。如果仅用国内的原木木浆作为我国造纸行业的原料，对我国的森林资源的损害将是十分巨大的，造 1 t 纸需要 3 m^3 的木材，因此，废纸回用将是造纸的一条可行道路。事实上，以 2105 年为例，全国造纸行业的纸浆消耗中有 65% 为废纸浆，其中 25 个百分点为进口废纸浆。同时，2014 年我国的废纸回收率为 46%，相对发达国家的废纸回收量和回收利用效率都更低一些。因此，加大对我国废纸的回收利用程度增加废纸资源的有效利用，也对我国森林生态起到重要作用。

③废塑料

塑料制品在我们生活中处处可见，当它们不能继续使用而被废弃之后也可以作为一种矿产资源来回用。既可以防止塑料制品被当作普通垃圾进行填埋或者焚烧造成的环境影响，又可以作为一种原料再投入塑料制作过程中。这样有效利用我国大量的废塑料将其资源化，其再生产品也具有很大应用价值。例如，经常用于饮料瓶、包装膜、卷材等方面的 PET 塑料，如果用石油提炼出来的原生 PET 原料制造，每年我国生产的超过 300 万 t 的 PET 塑料瓶就要消耗超过 1 800 万 t 的石油，然而如果回收处理塑料作为原料，回收处理 1 万 t 废弃塑料瓶，相当于节约石油 5 万 t、减排二氧化碳 3.75 万 t。生活中处处可见的废弃塑料瓶也可以有这样的用处，多年以来城市中堆积如山的塑料制品进入回收利用阶段，比起一次塑料更加节能减排，这也将是另外一座一直以白色污染之名存在于城市中的原料宝藏。

④报废家电、报废车辆

作为目前回收市场的主力，废旧家电、电线电缆和报废汽车无疑是城市矿产的原材料之中的“领头羊”，它们被回收也意味着废旧家电和电线电缆、报废汽车中所含有的钢铁、有色金属、塑料外壳等走上回收再利用的生产线。拆解过程中分离出来的钢铁和有色金属也确实可以称为城市矿产，实在是实至名归。

对于钢铁的回收利用，利用 1 t 废钢铁相当于节能 430.8 kg 标准煤，节水 2.12 m^3，减排固废 3 t，减排 SO_2 0.003 t，因此对钢铁进行回用会有出色的能源与环境效益。

有色金属方面，就回收量较大的铜、铝、铅来看。生产 1 t 再生铜相当于节能 1 054 kg 标准煤，节水 395 m^3，减排固废 380 t，减排 SO_2 0.137 t；生产 1 t 再生铝相当于节能 3 443 kg 标准煤，节水 22 m^3，减排固废 20 t，减排 SO_2 0.06 t；生产 1 t 再生铅相当于节能 659 kg 标准煤，节水 235 m^3，减排固废 128 t，减排 SO_2 0.03 t。均对节能减排和缓解资源紧缺有不可替代的作用。

（2）减小我国矿产对外依存度

我国的主要金属资源人均储量与世界人均水平相比都很紧缺，例如，铁矿石为世界人均水平的 17%，铜资源为世界人均水平的 17%，石油为 11%，铝土矿为 11%。本地资源不足便只能依赖进口，所以我国对于进口资源有很大的依赖性，2010 年我国进口的铁矿石占全国消耗的铁矿石的 57.7%，在全国的铜产量中，国内的原生铜仅仅占

25.3%。因此对于我国有限的矿产资源仅仅强调高效利用已经不能解决我国的资源短缺问题，对城市中已有的巨大矿产的开采便是当下减缓我国矿产方面的对外依存程度的有效措施。

4 发展城市矿产对经济的意义

垃圾是放错了的未知资源，对于城市矿产而言，这一句话则更加适用。既然是资源便有资源的价值，对其进行开采、生产加工为成品后，随着附加值的增加，其所能带来的经济效益也是明显的。

（1）从事企业数量、回收网点建设、从业人员

随着国家对再生资源产业越来越重视，对于城市矿产的回收利用先是建立试点城市，再是建设一批又一批的国家级城市矿产示范基地，从政策和资金上都给予支持，城矿行业蓬勃发展。截至2013年我国从事城市矿产资源回收的企业有 50 多万家，全国配有 50 万个专业回收网点，从事城市矿产的回收加工相关工作的企业超过 5 000 家，从业人员也超过千万。近年来，对于废旧手机、废旧液晶屏幕的回收工作又进入城矿领域，也将开辟一片新的天地。

（2）资源回收总量、回收利用产值

随着行业做大做强，真正在生产线上被拆解、回收利用的城市矿产资源越来越多。2006—2010 年，我国废钢铁、废有色金属、废塑料、废纸、废轮胎、废旧电子电器、报废汽车和报废船舶八大类城市矿产资源回收利用的总量持续增长。2010 年，回收利用的典型的城市矿产资源总产值高达 5 069 亿元，数量大且增速快。

第四部分　城市矿产现有处理技术

冰箱

20世纪80年代，冰箱、电视、洗衣机等家电产品进入寻常百姓家，为人们的生活带来了极大便利。20多年后，这些曾辉煌一时的家电产品，由于各种原因，已被大量淘汰。面对堆积如山的电器垃圾，应该如何处理呢？

进入21世纪以来，每年数以百万计的废旧家用电器，由于使用年限到期或质量故障而被淘汰。这些已经失去使用功能的电器垃圾，实际上蕴藏着丰富的可利用再生资源。以旧电视机为例，外壳是塑料，电线和变压器含有金属铜，荧光屏是玻璃材料。这些都是可以循环使用的再生资源。如果能够科学利用，这些堆积如山的电器垃圾，将会成为原生资源的重要补充。

废旧物资的回收利用，不仅可以弥补社会经济发展中的资源不足，而且与使用没有经过加工生产的原生资源相比较，具有生产消耗低、污染物排放少的特点。所以，世界各国都把废旧物资的回收利用作为发展循环经济的一个重要环节给予扶持。

由于历史原因，长久以来，从事废品回收及加工处理行业的多是一些小型企业或个体作坊。它们基本都具有设备简陋、操作不规范、对于有毒有害物品的回收和处置，缺乏安全保证的特点。比如，电视机荧光屏中的荧光粉，就含有金属汞，如果处理不当，会对人体造成危害；空调、电冰箱中的氟利昂能够破坏臭氧层，在回收时，必须使用专用的回收设备。同时，对于这些危害健康、污染环境的危险品，需要严格按照操作规范妥善储存，以免造成泄漏。然而，一项调查显示，在废品回收行业中，90%的从业人员都是农民工，其中大部分从业人员没有经过专业培训，缺乏必要的专业知识。因此，废旧家电资源的再生处理，不仅需要严格操作规程，同时还要对从业人员进行上岗培训，使他们学到相关知识。

在此，我们就以生活中最常见的废旧家电——电视机、洗衣机、冰箱和空调为例，介绍一下废旧家电的回收与处理。

1 废旧家电的回收利用流程

（1）生产原料的收购

从事废旧家电回收分解的企业，可以自行收购废旧家电，也可以从专门的家电回收部门收取。收购废旧家电的企业，除了要到工商管理部门办理营业执照以外，按照国家《再生资源回收管理办法》的规定，在办理好工商营业执照后 15 d 内，还应该到当地公安部门办理特种行业许可证。

收购废旧家电的途径可以有以下两种：

①建立废旧家电回收网络

通常情况下，废旧家电分解企业会联系具备家电回收资质的家电销售企业或家电超市，从它们那里直接将废旧家电收回。

②从正规废品回收公司直接收购

有些专门从事废品收购的再生资源回收公司，拥有自己的收购网络，它们可以大量地收购废旧家电。如果这些回收公司获得了家电下乡流通企业的资质，也可以按照国家相关政策，参与到家电下乡的整个流通环节中来。这样，废品回收企业就会掌握大量的废旧家电货源。因此，家电分解企业可以直接从家电回收公司引进货源。

（2）开工前的准备

工人在生产作业时，必须穿工作服，佩戴手套、口罩和安全帽，这样可以有效避免和降低工作中的意外伤害和吸入粉尘量。在拆解不同电器过程中，还可能接触到荧光粉等有害物质，一旦吸入，可能导致重金属中毒。因此，在特殊作业环节，还需要有特别的保护措施。

（3）废旧家电的分解

①废旧电视机的分解

a. 拆解固定螺丝，取下外壳

b. 拆下线路板和其他杂件

c. 电视机外壳的分解

d. 拆解荧光屏

电视机的荧光屏主要由金属和玻璃构成。具体拆解过程如下：

取出阴极射线管

拆除外圈防爆

分割剖开阴极射线管

真空吸取荧光粉

阴极射线管的屏玻璃内侧银灰色的是一层荧光粉，荧光粉中含有的重金属汞对人体健康极具危害性，在处理时要特别注意。使用干式清洗涂层设备，将荧光粉无害化处置后，可作为可利用的再生资源。

目前，对于荧光粉的处理，还没有用于大规模生产的无害化方法。所以，必须对吸取的荧光粉严格保护，以免发生外泄。

去除不含铅玻璃的石墨涂层

滤出含铅玻璃

含铅玻璃委托有资质厂家处置

阴极射线管的屏玻璃大都含有金属铅，回收价值低于不含铅的锥玻璃，这部分可以直接出售给有资质的企业进行造粒，达到资源再利用的目的。

②电冰箱和空调的分解

在拆解之前，我们先来熟悉一下电冰箱和空调的主要结构：电冰箱主要由箱体、制冷系统和附件构成；空调分为室内机和室外机，室内机构造比较简单，主要由塑料外壳、电子电路板、过滤网和冷凝管组成，其中冷凝管是由金属铜或铝构成，具有较高的回收利用价值，而室外机由外壳、制冷机及金属外壳等部分构成。由于拆解电冰箱和空调所使用的方法类似，所以，在此将两者合并介绍。

a. 回收氟利昂

老式电冰箱和空调制冷机的工作原理是利用氟利昂循环流动，吸收冰箱内部的热量，达到冷却降温的目的。冷气压缩机中含有氟利昂和润滑油，科学研究证明，氟利昂的扩散能够破坏大气中的臭氧层，制造温室气体效应，导致全球气温变暖；而润滑油如果处理不当，很可能对当地水源造成污染。因此，在老式电冰箱和空调制冷机的分解处理技术中，最关键的是回收氟利昂。

b. 分解外壳和其他杂件

空调主要可以分解为塑料、金属铜、铝和电器元件，这些原料都具有很高的再利用价值。冰箱的箱体主要有内胆、外金属皮和隔热层几部分构成，将基本元件分类即可完成分解。

c. 冰箱隔热层的处理

冰箱的隔热层属于发泡剂材料，所占体积较大，而且市场价值不高，因此，一些没有处理资质的小作坊经常将其扔在路旁、河边，造成环境污染。正确的处理方法是将其破碎，交给具有实力的加工企业，进行混合、压制，再次制作 PU 保温板或作为其他填充物使用。

废旧家电的拆解

电视机：拆螺丝取外壳 → 拆线路板与杂件 → 分解外壳 → 拆解荧光屏

电冰箱与空调：回收氟利昂 → 分解外壳与杂件 → 处理冰箱隔热层

洗衣机：拆解外壳 → 拆解马达 → 归类塑料

③洗衣机的分解

洗衣机的构造相对简单，主要由铁皮或塑料外壳、发动机和内胆构成，分解工艺并不复杂，但由于其内胆塑料的材质纯度高，仍然有很高的回收价值。

a. 拆解外壳

b. 拆解马达

马达是整个洗衣机的核心部分，根据废旧程度，可以在修复后再次投入使用或将其继续分解成为铁和铜等金属材料。

c. 洗衣机塑料的归类

根据塑料纯度的不同，洗衣机分解后的废旧塑料可以分为两类。由于洗衣机属于耐磨损性家用电器，因此为了尽量延长使用寿命，洗衣机的内胆通常采用高纯度塑料材质制成，回收造粒后的市场价值也高于其他回收塑料，因此要将其单独归类，其他塑料统一收集为一类。

（4）分解后材料的分类存储与加工

废旧家电回收流程

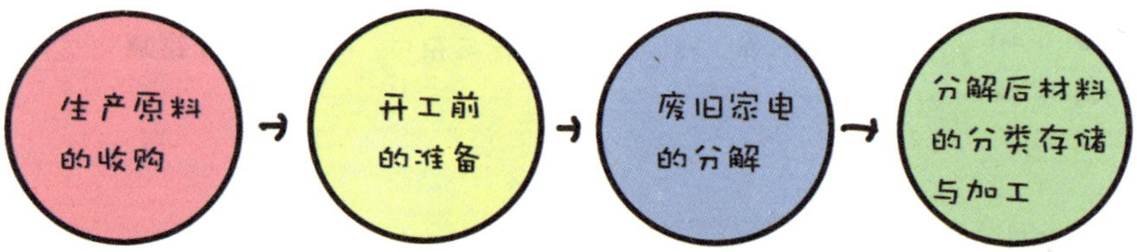

对废旧家电分解后的材料进行基本归类，以上所介绍的废旧家电分解材料大体可分为玻璃类、电路板、铜类、铝类、偏向线圈、铁类等。为有效提高再生资源的利用价值，在其中一些类别的原材料中，还需要像洗衣机塑料一样，根据纯度的高低进行细分。细分后的每一类材料作为废旧家电分解企业的产品，将被输送至下游企业进一步加工生产。在正式输出前，家电分解企业需要固定存储空间，明确存储范围，避免混淆，对于有毒物质的安放要有特殊提醒和标志。

废旧家电经过分解、分类后的碎料被送往下游企业，加工处理成各种原料颗粒，它们被用于建材、家电生产、加工工艺品、冶炼、铸造等各行各业，从而再次恢复市场价值。

除电视、洗衣机、冰箱和空调外，可利用的家电电子产品还有很多，像电脑、手机、打印机等很多电器电子产品中都有着多种可回收利用的资源。

（5）总述

目前，废旧家电的资源回收产业在国内仍处于起步阶段，但由于国际能源价格的不断攀升，“再生资源”行业的市场前景也越发广阔。现在正是家用电器更新换代的高峰期，如何有效地回收和处理大量的废旧家电产品，逐步建立健全我国的废旧电器电子产品回收利用体系，对于保护我国环境和促进经济的健康发展都将起到极大的促进作用。

2 废旧电池的回收利用

（1）背景

在人类生活水平不断提升和各种资源日趋匮乏的形势下，电池作为一种便携式的能量储存器，在社会和人们的日常生活中所占的比例越来越大，更成为第三大消费品之一。与此同时，产生的废旧电池量也是日渐增多，随意丢弃废旧电池不仅污染环境、危害人体健康，而且浪费资源。

（2）流程

①分类

②制锌粒

③回收铜片

④回收氯化铵

⑤回收二氧化锰

⑥固化深埋、存放于废矿井

如法国一家工厂就从中提取镍和镉，再将镍用于炼钢，镉则重新用于生产电池。其余的各类废电池一般都运往专门的有毒、有害垃圾填埋场，但这种做法不仅花费太大而且还造成浪费，因为其中尚有不少可作原料的有用物质。

（3）总述

到目前为止，中国没有一套完整的废旧电池回收方面的法律。废旧电池主要会造成重金属污染，当然其现状是不容乐观的，从发展前景来看它的生产工艺是会改变的。针对我国现状，应该加大对废旧电池回收利用的宣传力度，提高全民环保意识，促进可持续发展；同时完善法律法规，建立加强监管，通过行政手段强制干预；改进回收方式，拓宽废旧电池回收渠道，建立废旧电池回收体系；加强废旧电池处理技术的研究开发，形成规模化产业。

3 电子废物拆解技术

（1）印刷电路板

对于印刷电路板的拆解技术，可以简要分为半自动拆解技术和自动拆解技术。

①半自动拆解技术

说是半自动自然就是拆解过程既有人工拆解又有机械拆解，力求达到人机合一的高超境界。首先要将印刷电路板从收集上来的电子电器设备上手工拆下来。人类生来一双巧手，可以拆解各种不同的设备，手工作业的灵活性也在此得到体现。以上就是人工的部分了，接下来都是由机械来完成的。

就是要将这些经手工拆卸后的印刷电路板固定在架子上送入拆卸室。拆卸室里所能接受的最大印刷电路板尺寸为 300 mm×220 mm，用来固定的架子是一个特制的夹具，可以很好地固定住被送入其中的废印刷电路板。

拆卸室有如下工作站：视觉系统、激光卸焊系统、机器人拆卸站、红外加热拆卸站、卸焊零部件存储。

视觉系统：该系统是一个带有图像识别和处理的计算机系统，可以识别印刷电路板上可重新再利用的部件以及有毒的部件。这一过程通过将电路板上的部件形状和标签与数据库中的已存有的部件信息相比较来得以实现，这些已存入数据库的信息则是通过电路板生产商和市场来获取。除此之外，该系统还要确定将要处理的废旧电路板上的零部件的位置、尺寸和重心，并将这些信息作为下一站处理的输入信息，这些属性信息十分重要。为实现以上的两项功能，视觉系统的定位精度必须达到 0.1 mm，并要求能够识别元件上的字符。

激光卸焊系统、机器人拆卸站、红外加热拆卸站：通过激光或者红外加热，再由机械进行进一步的操作，有效去除废旧电路板上已经经过视觉系统识别而被认为是有价值或者有害的零部件。这几个工作站的配合可以从送入拆卸室的废旧电路板上拆卸下许多种原件。

经过以上处理可以有效地拆解废旧电路板，并且得到许多种有重新使用价值的原件。

②自动拆解技术

日本的一个研究机构研发了一套自动拆解废电路板中电子元器件的高科技装置，这种装置主要利用红外加热、初级元器件去除和二级元器件去除，来实现将电路板上的元器件拆解。初级和二级，这两级元器件去除，分别利用垂直和水平的冲击力作用，将废旧电路板上的元器件拆卸下来。在加热和冲击力的作用下，再加上一种神奇的表面剥蚀的方法，还可以将电路板上大部分的焊料去除，作为精炼铅和锡的原料。

德国也有机构一直在研究废电路板的自动拆解方法。其拆解原理采用与电路板装配方式相反的原则，基本方法是先将废电路板放入加热的液体中熔化焊料，再利用一种机械装置根据构件的形状分拣出可用的构件。拆解下来的电子元器件进行可靠性检测后重新使用，降低了制造商的成本。

（2）CRT 显示器

目前许多国家，尤其是日本、美国等，都对 CRT 显示器中的塑料、含铅玻璃及有机金属的回收基本实现了工业化。这里简要介绍两类拆解方法。

①物理拆解法

物理拆解法主要有热冲击法、熔融法、加热丝法、激光处理、带有研磨剂的高压水枪以及其他可实现玻璃切割的方法，如金刚石切割、金刚石轮等。

a. 热冲击法：就是先加热，再经冷却或者加压处理，使玻璃裂开达到分离效果。这种方法简便快捷，但是容易造成玻璃的碎裂，从而无法得到完整的 CRT 玻璃组件。

b. 熔融法：利用熔结玻璃的软化温度低于锥玻璃和屏玻璃的特性，因此，可以将这整个管加热到熔结玻璃的软化温度，而此时的锥、屏玻璃还安然无恙。同时，将 CRT 保持一定的倾斜角度，然后这些玻璃就会自然分离。这种方法一轮的操作周期 6 ～ 8 h，这个操作时间有些长，不太推荐。

c. 加热丝法：使用电热丝包裹熔结玻璃，然后通电加热 30s 左右，再然后用冷水降温，对这些玻璃形成热冲击，从而分离。然而由于锥、屏玻璃厚度不同，所达到的热效果也不同，因此很难完全分离、去除各种玻璃，也还需要很多后续处理，过程较为烦琐；除此之外，事先还要用玻璃切割装置在这些玻璃上划出细缝，以用来安放并固定加热丝，对操作人员来说，危险性较高。

d. 激光处理：与热冲击法原理类似，用激光加热玻璃内部，然后用冷水冷却玻璃表面，从而引起热冲击而造成分离。对较厚玻璃效果不太明显，并且相比其他方法而言，需要更多的动力。

e. 带有研磨剂的高压水枪：利用高压水枪直接喷射到玻璃表面就可以进行有效切割，不过所用水枪的构造、压力和位置都需要专门设计。

f. 工业用金刚石带、金刚石轮等机械切割：这个主要让 CRT 通过装有金刚钻的传送带，然后其中的锥屏玻璃结合处就会被这个神奇的钻头切割。不过它容易造成 CRT 玻璃组件的损坏，而且效率低、速度慢，会产生玻璃尘，可能造成很难处理的二次污染。

②化学拆解法

化学拆解法主要是酸法，即采用硝酸、有机酸等通过溶解玻璃而分离，主要实现方式有热酸喷射、热酸浴加热冲击、热酸浴加振荡等，并通常辅以物理拆解法中的热冲击法实现分离。

a. 热酸喷射法：这种方法中最重要的工序即是将加热到一定温度的热酸喷射到 CRT 管上，腐蚀掉表面的玻璃，然后将冷热水轮换喷射到管上，使其发生热胀冷缩从而分离。如果得到的部件无法回用，则将其破碎后回收。操作一轮的周期大约 20 min。

b. 热酸浴加热冲击：将整个 CRT 管泡在酸液中，使其表面的玻璃溶解，然后用热冲击来分离玻璃。操作一轮的周期大约也是 20 min。

c. 热酸浴加振荡：基本同热酸浴加热冲击法，不同的是用机械振荡替代了热冲击。

（3）制冷设备

这里所指的制冷设备主要是家用冰箱和空调，包括废冰箱和废空调中的废压缩机、废冰箱的钢板、废空调的热交换器，在此主要介绍这三种拆解技术。

①废压缩机的拆解

大多数电冰箱或空调机都包含一个电压缩机，用它压缩氟利昂（CFC）制冷剂气体，并使其循环。压缩机上会采用高品质的矿物油作为发动机润滑剂和冷冻剂，所以在这个运行的制冷系统中只存在 CFC 气体和压缩机油。大多的金属再循环企业要求接受废制冷设备之前，压缩机已被拆走。因为拆走压缩机能确保制冷剂被回收，减少由于压缩机中包含大量的润滑油或金属碎片而造成污染的影响。另外尽管压缩机含有大量铜，在分选时铜有很高的再循环价值，但由于铜会在熔炼钢铁时熔化，所以如果不在这之前移除压缩机势必会引起熔炼钢铁时产生的污染。

首先从制冷设备中拆除压缩机之前，必须先依照有关规范完成制冷剂的回收。

然后是压缩机的拆除。大多数压缩机都是通过螺丝、螺帽安装在制冷设备上的。拆除废压缩机、发动机的几种简单方法如下：简单手动工具（套筒扳手、螺丝起子、杠杆）、锯、气凿、乙炔喷灯、等离子割炬。

最后是压缩机的分离。压缩机容器非常牢固，没有压缩机切割设备是很难完成分离压缩机的。对于压缩机再循环公司，他们已经设计并建立了完成这项工作的方法，包括：使用研磨锯切割；使用氧乙炔喷灯；使用等离子焰炬切割。

处理压缩机的另一个挑战是压缩机上的黑色涂料中可能含有铅。按照车间中对铅暴露的限制标准要求：如果焰锯切割或研磨切割会引起铅暴露，则需使用空气检测器和特殊空气处理设备。

②废冰箱钢板的拆解

“废旧冰箱冰柜箱体钢板回收处理方法”中，利用切割设备在机箱棱边整体切割钢板，把机箱切割成接近冰箱投影面大小的矩形钢板；然后取下完整钢板；最后清除钢板表面的油漆或塑料涂层。取下的钢板经过简单处理后就能直接加工生产产品，如暖气罩。

这种方法立足于我国废旧电器回收成本高而体力劳动力成本低廉的国情，减少了能源消耗，较为高效便利。这种方法每小时能处理40 台废旧电冰箱。

③废空调热交换器的拆解

日本某研究院对废空调交换器的资源化进行了研究，研发了一种高效处理热交换器的方法，能有效回收其中大部分铜和铝。

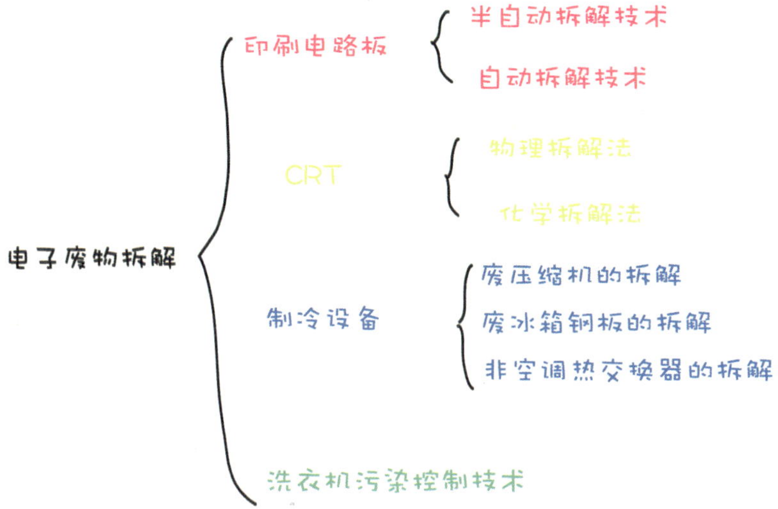

（4）洗衣机污染控制

前文中提到的日本某研究院也对废旧洗衣机的自动化拆解有过研究，并研发出一种废洗衣机自动拆解技术，能回收多种资源。

洗衣机的基础拆卸过程是挪走电动机。每一道工序都由传送带连接，将一台去掉了操作面板的洗衣机倒放在传送带上，确定切口位置之后，用切割机对其进行切割。这里所说的切口位置是指电动机所在的位置，而仅从外表上来判断是很难的。因此，确定切割点是洗衣机基础拆解工作中最重要的操作。在这里位置是用水平方向上的超声波传感器检测的，检测数据经过计算机进行核对后使用，根据这些数据才能将洗衣机切开并把电动机分离出来。

德国柏林科技大学也曾对电子产品的灵活自动拆解系统进行了研

究（以洗衣机为例，采用等离子体快速切割洗衣机，实现成本的最小化和损失的最小化，与手工拆卸相比成本较低。对于洗衣机中的重要元部件，经过拆卸清洗后可以重新使用）。

第五部分　国内外城市矿产情况比较

前文主要讨论了城市矿产的整体定义、分类以及基本技术等。在本章中，我们将以日本和美国的城市矿产发展情况为例，对国内外城市矿产的状况进行一个综合性的比较。“他山之石，可以攻玉”，对国外城市矿产发展情况的探究，必将给我国城市矿产发展带来有利的借鉴。

1 国外城市矿产情况概述

（1）日本城市矿产情况概述

①发展背景

就地理而言，日本是一个岛国，由本州、北海道、四国、九州四个大岛及3 900多个小岛组成，其国土面积为37.78万km^2，仅为中国国土面积的1/26。日本地势山多平原少，山地约占全国面积的76%，且山脉狭窄，没有腹地，这使日本的自然资源较为匮乏，生产、生活资料等大多需要依靠进口。虽然日本有“矿物博物馆”的美誉，但与同等人口的国家相比，其人均矿物量明显偏少。此外，日本国土狭长，地跨亚热带、温带和亚寒带三个气候带，气候条件复杂，自然灾害频繁。这一切地理条件都使日本民众和政府长期以来便具有较强烈的自然环境资源危机观。

就经济而言，第二次世界大战之后，在美国等的扶持下，日本着力发展经济，在短短30余年内一跃而成为继美、苏之后世界第三大工业强国和经济强国。在经济高速发展的同时，不可避免的，众多企业在一定程度上唯利是图，忽视了对环境的保护。由此，在战后20年后，产业活动所带来的环境公害问题日益凸显，相继出现了所谓“四大公害事件”——水俣病、第二水俣病、四日市哮喘病和痛痛病。

随着经济的高速发展，社会大量生产、大量消费，进而大量废弃，由此大幅增加了国内处理废弃物的压力。大量的废弃物不但增加了处理成本，还使环境不断恶化。另外，随着生活水平的提高，废弃物的种类不断增加，若只按传统的焚烧的方法处理则会进一步对环境造成危害，这为废弃物的处理增大了难度。新的垃圾处理、回收技术的研究以及相应政策的制定成为日本发展的当务之急。

②理论研究

前面提到，地理原因和经济原因使日本迫切地寻求一种解决环境、资源问题的方法。在这样的背景下，日本国内有关城市矿产的理论研究应运而生。

早在1988年，日本东北大学的南条道夫教授便提出了有关城市矿产的概念。他指出了城市矿产的以下特点：

a. 固定的埋藏量，有明确的储量，没有探查的必要

b. 品质高

c. 开矿、选矿、炼矿等比较容易

d. 能减少本国对海外矿石的依赖

e. 城市矿产的废止能由市场决定等

值得注意的是，南条道夫所提出的城市矿产的概念所包含的资源非常广泛，分别包括地下、海洋和海水、大气层、太空、城市五大类，这样广泛的资源观直接为后来日本有关城市矿产的理论研究奠定了基础，对日本城市矿产战略产生了深远的影响。此后，日本有关城市矿产的研究便以全面而系统著称，内容包括城市矿产的构成、储量测定、城市矿产的效益分析、城市矿产资源的开发使用、城市矿产的有关技术和设备、全球主要国家城市矿产开发对比研究等。

丰富而全面的理论研究直接指导着具体政策的制定。如原田幸明对日本城市矿产中的金属总储量测算的结果表明多种金属占世界总储量的比例较大（金 16%、银 22% 等），从而认定日本是金属资源大国。这直接导致了有关金属回收政策的制定，极大地推动了城市矿产金属回收的发展。又如，东北大学多元物质科学研究所教授中村崇根据对废弃电子器械中资源储量的研究进一步提出开发“都市矿山”的“人工矿床计划构想”，把使用过的废弃电子器械作为矿物资源，进行有计划的回收，从中获取资源以便再次利用。这样的理论研究直接推动了回收电子垃圾的一系列政策的制定与相关产业链的形成。

尤其不能忽视的是，日本在城市矿产的理论研究方面具有较强的前瞻性和环境保护意识。早在 2006 年，日本东北大学的白鸟寿一和中村崇便从技术、经济、环境、资源观等角度重新论证了资源的回收问题，在讨论资源回收可能性的同时，加大可能造成对环境的二次污染的探讨。这样的理论研究直接使得政策的制定更具备环保和可持续发展的特点。

③法律及政策支持

鉴于日本有关城市矿产概念的研究起步早、发展快，日本已经形成了一个较为完整、系统的城市矿产政策、法律支持体系。目前，日本城市矿产的相关法律主要有九部，分别是：一部基本法，即《推进循环型社会形成基本法》；两部综合法，即《废弃物处理法》和《资源有效利用促进法》；六部专项法，即《容器与包装物再生利用法》《家电资源再生利用法》《建筑材料再生利用法》《食品资源再生利用法》《汽车资源再生利用法》和《绿色采购法》。

我们可以看到，这一系列法律具有较强的系统性。于 2001 年 1 月 6 日起正式推行的《推进循环型社会形成基本法》明确规定了在循环利用废弃物的过程中各方参与主体的义务。大体而言，中央政府负责制定、实施基本规定；地方政府负责再制定、实施具体措施；企业有义务处理废弃物；公民则有义务使用再生制品并协助分类回收。《废弃物处理法》规定了废弃物的标准定义、回收从业企业的准入资格、废物处理设备、结果的标准等；《资源有效利用促进法》则综合规定了一些生产者应遵循的标准。六部专项法则从各个角度全面、系统地为废弃物的循环利用提供了强大的法律保障。

不仅在法律方面，政府的组织机构系统也十分健全、完备，形成了中央政府为主导、地方政府为基础、民间团体与学校为补充的组织体系。在中央政府方面，与城市矿产相关的中央政府机构一共有六个；在地方政府方面，日本政府在全国 47 个都道府县、12 个大城市以及 85 个政令市设立了环保行政机构；在民间团体和学校方面，民间环保组织占所有登记的民间组织的约 30%，学校应经常开展环保宣传教育，组织学生进行垃圾分类。

此外，日本每年的财政预算中均有专项资金支持城市矿产的发展，并对循环企业采取税收优惠政策，推行补助金政策；日本政府还非常重视发展城市矿产技术创新，创立了一系列技术创新奖励制度并对相关技术进行了详细的规划和引导。比如，在 2010 年推出的《环境经技术开发推进战略》中便提出了以下有关城市矿产的重要课题：

a. 废弃物恰当彻底的处理技术

b. 稀有金属的回收技术

c. 循环产品的普及等

不难看到，正是这些完善的政策、法律支持极大地保障了城市矿产相关技术及市场的健康、蓬勃发展。

（2）美国城市矿产情况概述

①发展背景与理论研究

在第二次世界大战后，美国经济迅速发展并超越了其他国家。但随着工业的发展与人口密度的高速增加，20 世纪 60 年代后期的生态环境污染问题越发凸显，而 70 年代初期，能源危机致使美国经济出现大萧条。1962 年，蕾切尔·卡逊发表了著名的《寂寞的春天》一书，对当时政府的一些举措提出怀疑和批判，呼吁人们保护环境、节约资源、维持生态平衡；1972 年麻省理工学院的米尔斯教授发表的《增长的极限》一文则提出了如下警告：“100 年后经济增长将会因环境污染和资源短缺而停滞。”经济发展的停滞势必会对美国的大国地位造成威胁。

在这样的背景下，有关城市矿产的研究应运而生。事实上，早在 18 世纪，欧美等国便萌发了两种相互对立的自然观：一种是“阿卡迪亚”田园主义观，提倡通过节约资源和保护环境实现人与自然的和谐共处；另一种是人类中心主义观，提倡把自然看作是人类索取和利用的资源，而人类可以最大限度、毫无顾忌地利用这些资源。但直到 20 世纪 60 年代，随着资源短缺、环境恶化程度的加深，如何节约资源和保护环境才被更为认真、严肃的考虑；废弃物回收的理论、制度等才被提上议事日程。60 年代，美国城市社会学家简·雅各布提出了将城市作为未来的矿山的设想，认为除了从有限的自然资源中提取、开采原材料，还可以从城市垃圾中提取、回收有用的原材料。1971 年，斯潘德罗夫便进一步提出了“在城市开矿”的口号。

②政策支持

城市矿产开采的推行离不开政策的支持。大体而言，美国政府采取引导性的行政手段，主要通过回收利用废弃物来带动再生资源产业的发展。

在问责机制方面，美国政府深入推行、健全利益各方的责任机制。在美国，相关法律和制度的确立明确了产业链上各参与方的责任，鼓励各利益相关者积极投入循环生产和消费中，比如，生产者责任延伸制度明确了企业在生产环节和消费环节的责任和义务；而消费者付费制度便明确要求消费者对消费过程中产生的非环保废弃物要支付一定的费用，以补偿企业或社会回收利用废弃物的成本。

在市场方面，美国政府积极搭建废旧物交易市场。美国的废旧物交易市场种类繁多，既有家庭式的庭院甩卖，也有慈善机构、民间组织的旧货交易。值得注意的是，随着互联网逐渐深入人们的日常生活，消费者可以更多地通过一些商业网站或政府支持的网站进行旧货买卖。

在对民众的环境教育方面，美国在 1970 年便通过了世界上第一部以环境教育为主题的法律《美国环境教育法 1970》，而在此之后，美国又多次修改、完善此部法律。该法强调对民众的环境教育是政府义不容辞的责任和义务，并提出了加强对环境教育队伍的建设和对有关机构的管理，增加环境教育工作的财政投入，加强相关行业高素质人才的培养。而在具体的教育形式上，注重价值观的培养和塑造，采取多种多样的方式将循环经济的理念灌输给民众。

此外，美国政府多元的经济手段也强有力地促进着循环经济的发展。美国政府通过财政税收手段，鼓励再生资源的开发和利用，对相关科研项目进行经济上的援助，对一些环保行为和技术创新予以资金支持。此外，美国政府也设立了处罚性的税收政策，比如，征收废弃物填埋和焚烧税及新材料税等，并创造性地对废弃饮料瓶推出了垃圾处理押金制度。对农民而言，美国政府从 20 世纪 90 年代起便通过对农民进行补贴激励他们检查自己的环保行为。对消费者而言，美国推行消费者补贴制度，即对消费者购买节能产品给予一定数额的资金支持，而这已成为美国政府鼓励民众购买节能产品的重要手段之一。

③发展模式

美国城市矿产的发展模式大致包括微观模式、中观模式和宏观模式三种。

微观模式是一种企业的内部循环，以杜邦模式为代表。在这种模式下，生产厂家先收集企业内各部门或者工艺之间的物质和能源，再通过一定的工艺实现资源有效、合理的再利用。这样既实现了节约资源、对资源最大限度的利用，也保护了环境，减少了污染。

中观模式以联邦政府推动下的生态工业园区建设为代表。生态工业园区是根据循环经济理念和工业生态学原理设计的一种新型工业组织形态，是企业间实现循环式生产、发展循环经济的一种重要方法。大体而言，企业通过市场交易行为，将对方生产过程中排出的副产品或废弃物作为自己生产所需的原料，减少废物的排放、降低废物处理的费用，从而节省生产成本，实现了经济发展与保护生态环境的双重目的。

宏观模式即循环生产和循环消费高度结合的发展模式。所谓循环型生产，是指将生产废弃物及废弃产品回收再利用，重新作为其他企业生产的原材料而进入生产环节。而循环消费中，美国通过各种各样的渠道为百姓提供大量二手品交易信息，并帮助创立了众多民间的组织和大型交易活动。

2 国内城市矿产情况概述

（1）发展背景与理论研究

随着经济的高速发展以及长期以来的原生矿产资源的流失，我国的原生矿产资源日益紧缺，如 2012 年我国铜精矿产量为 162.57 万 t，但铜消费量在 800 万 t 以上，原生矿产资源的紧缺对加快城市矿产行业的发展提出了要求。此外，我国已进入电器电子产品及汽车的换代期，我国报废电子产品的总量已达数亿台，这些废旧电子产品中含有大量的稀贵金属等有用资源，假如不加以回收利用，仅通过焚烧等方法处理则势必会造成污染及浪费。这些都催化着国内城市矿产行业的发展。

我国城市矿产理论的起步研究始于 1985 年，当时昆明工学院的杨显万与黎锡辉在一篇论文中提出了有关城市矿产的概念，对部分固

体废弃物成分做出了分析，对再生有色、稀贵金属的回收情况和技术做出了初步的介绍。此后近 25 年，有关城市矿产的研究成果均呈现出十分分散的特征，其中，有的研究对城市矿产的概念做出了粗浅的界定，在分类回收的基础上提出了“资源综合利用”的建议；有的对城市矿产的特征（尤其是相比于天然矿产的优越性）进行了研究，得到了一系列有意义的成果；有的对城市矿产行业在中国推行的难点进行了探究，提出了回收渠道缺乏商业模式、技术设备以进口为主等困境。

2010 年国家出台《关于开展城市矿产示范基地建设的通知》后，有关城市矿产的文献数量达到了一个高潮，城市矿产开始有了明确的定义，但有关城市矿产的文献仍以新闻报道、人物访谈、国外经验介绍及对政策的解读为主，真正对城市矿产行业进行理论研究的文献仍显得稀少而分散。

（2）政策、法律支持

国家发展和改革委员会已经预计到资源瓶颈对经济发展会造成的束缚，于是于 2009 年提出通过实施城市矿产 10 大工程来加快培育新兴产业政策措施的建议。建议提出要在两年时间内通过实施城市矿产 10 大工程，使新增回收废钢铁、再生铜、铝、塑料的能力分别达到 1 600 万 t、106 万 t、133 万 t 和 380 万 t，实现产值规模达到 1 900 亿元，拉动社会投资达到 300 亿元以上。而第一个正式提出开展城市矿产建设的文件为《关于开展城市矿产示范基地建设的通知》（发改环资 [2010] 977 号）。该通知明确界定了城市矿产的范围，并纲领性地提出了今后五年的发展目标。

在此之后，一系列法律法规得以通过并推行，其中包括：《废旧家电及电子产品回收管理条例》《废弃家用电器与电子产品污染防治技术政策》《再生资源回收管理办法》《循环经济促进法》《废弃电器电子产品回收处理管理条例》等。这些法律法规构成了中国城市矿产行业的法律体系。

（3）目前我国城市矿产的主要问题及前景

首先我们要意识到，我国城市矿产行业起步较晚，发展时间较短，尚处于初级阶段，因此通过与发展较为成熟的国家进行对比，将会给我国的城市矿产行业的发展带来益处。

①起步晚，观念相对落后

前面提到，直至2010年国家才颁布了《关于开展城市矿产示范基地建设的通知》，在“十二五”期间才正式对城市矿产再生利用进行布局，这恐怕是相关制度不够健全、不够完备的根本原因。起步晚也直接导致了不够普及、公众的认知度低。比如，公众对一个普通的矿泉水瓶包括几种塑料这样的问题基本没有清晰的概念，甚至对可回收垃圾与不可回收垃圾的区别也不够明确。

②相关政策法律相对滞后

由于在城市矿产再生利用起步晚、发展时间短，我国的法律、政策大都是零散的、纲领性的，与美国、日本等国相比，在系统性、严密性、可执行性上还有一定差距。此外，我国对城市矿产企业的支持力度也偏小，支持的方法不够多元化，相关政策与部分国家相比还存在一定滞后。

③专业人才相对缺乏

与城市矿产相关的专业人才的培养需要一个较长的周期。目前我们国内各高校再生领域的对口专业数量还不充足，这直接导致了专业人才的缺乏，中高层次人才紧缺，人才结构不合理等问题。

④技术有待提高

目前我国的城市矿产再生利用技术起步晚，在拆解、分类、深加工这条产业链上很多时候仍难以取得关键突破，仍需依靠进口技术；此外，我们的拆解等工程很多时候仍更多地依靠人力，自动化程度还有待提高。

虽然我国的城市矿产行业仍存在着诸多问题，但是我国有巨大的城市矿产总量，有更为充足的劳动力。城市矿产回收利用产业的发展必会在解决资源贫乏、控制和消除二次污染、优化生态环境、促进剩余劳动力就业及稳定社会等方面发挥不可替代的作用，因此城市矿产是我国的朝阳产业，发展潜力巨大，具有极佳的投资前景。

第六部分　中国城市矿产开发企业

1 总体影响因素

（1）宏观分析

①政治

进入21世纪后，人口、资源、环境成为社会发展中的重要问题，循环经济逐步成为人们的关注点。在此背景下，为了有序发展城市矿产，政府出台了一系列措施。

我国政府大力支持城市矿产的发展。2006年5月17日颁布的《再生资源回收管理办法》以及之后出台的《中华人民共和国循环经济促进法》为我国循环经济规定了框架，也为城市矿产的发展奠定了基础。2010年《关于开展城市矿产示范基地建设的通知》提出用5年时间在全国建设30个城市矿产示范基地，并将城市矿产发展提高到战略性的高度。2012年《“十二五”节能环保产业发展规划》提出在“十二五”期间，建成50个国家城市矿产示范基地，在全国范围内开展城市矿产的回收活动。同年颁布的《“十二五”国家战略性新兴产业发展规划》强调发展高科技循环产业，指出循环经济的重点发展方向和主要任务为加强科研力度，达到科技促进循环经济发展的目标。2013年2月，国务院下发了我国首部国家级循环经济发展战略及专项规划——《循环经济发展战略及近期行动计划》，这为我国城市矿产的发展创造了更多机遇。

此外，在回收体系方面，政府出台一系列措施。2011年颁布的《废弃电器电子产品回收处理管理条例》，首次将电子废弃物再利用列入法律体系，并对废弃电器、电子产品的回收进行规范。同年出台的《国务院办公厅关于建立完整的先进的废旧商品回收体系的意见》提出要加强回收体系的建设工作。在监管方面，政府着手加强力度。2016年，政府采取措施，要求企业发展需符合行业规范、行业标准，保证企业的环保达标。同时，政府进一步取缔小作坊，限制小作坊的发展。

在政策上得到重视，在资金、技术上得到支持，我国城市矿产企业正蓬勃发展。根据“十二五”规划，未来10年间，我国城市矿产回收体系将迎来更多的机遇，未来政策的实施将落实到城市矿产发展的具体方面。

②经济

除了出台政策，国内也在践行可持续发展理论，发展循环经济。早在“十一五”期间，政府就启动了循环经济试点，在重点行业、重点领域、产业园区和省市开展了两批国家循环经济试点，各地区结合实际开展了本地循环经济试点。在农业、工业、服务业各产业，城市、园区、企业各层面，生产、流通、消费各环节全面发展循环经济。城市矿产开发作为循环经济体系建设载体，是循环经济的重要一部分，发展城市矿产是大势所趋。

此外，我国发展城市矿产的潜力巨大。我国是制造业大国。工信部数据显示，早在2012年，我国工业产值已经超过美国，成为全球制造业第一大国，在500种主要工业品中，我国已有220个品种产量居全球第一位。今后几年，虽然我国的发展模式有所改变，工业增速有所放缓，但工业的规模依然保持在很高的水平。现在，我国电器、电子产品、汽车和工程机械等产品已进入报废高峰期，城市矿产的储量呈逐年增长态势。今后几年，国内会有很多报废产品等待开采，目前还缺乏一种将报废产品回收利用起来的完善、普遍可行的回收体制。

国外也有很多城市矿产的原料。这些原料不仅供应稳定，而且标准统一，拆解回收的难度较国内低。国内有很多城市矿产企业依赖国外原料的进口，天津子牙有海关检验检疫站，其产业园区内大部分原料来源国外；荆门格林美的汽车、电缆等也大多来源于国外。

在资金方面，城市矿产企业的发展也有良好的条件。一方面，部分城市矿产企业在资金上有优势。很多企业（如荆门格林美、天津子牙等）有多条产品链，可以进行产品间的互补；部分企业是在原先产业的基础上发展城市矿产，如浙江宁波金田产业园最初主营铜的深加工。另一方面，对符合处理标准的企业，政府会根据产值给予相应的补贴，这些补贴能帮助企业改进技术、工艺，对企业的发展起到了至关重要的作用。

③社会

随着经济的发展，人们对生活质量有了更高的追求，良好的生活环境不可或缺。而与此同时，伴随发展的是许多物品丧失价值而遭废弃，城市产生了大量的垃圾。据统计，仅把目前报废的电子垃圾堆在一起，就能形成喜马拉雅山大小的垃圾堆。这些垃圾不仅占用空间、影响美观，甚至还会带来污染，影响人们的日常生活。人类对发展的渴望与发展带来的问题产生了矛盾，为了解决这个矛盾，循环经济显得尤为重要。

有人说“垃圾是放错地方的资源”。如果采用循环经济的理念，将这些“垃圾”进行回收并合理处置，那么“垃圾”也会成为绿色资源。曾经困扰人们的垃圾，也能变成“宝贝”。

合理处置“垃圾”能保护环境。如果将垃圾回收，运用科学手段集中处理，那么垃圾就可以在低排放的情况下变成资源。污染在源头上就得到控制，二次污染也难以产生。这样做既能保护人们生存的环境，又为社会的发展增添动力。现在，天津子牙循环经济园区、格林美等企业已有较先进的工艺，处理过程已经接近“零排放”。与此相反，如果用很粗劣的方法处理这些垃圾，不仅会污染环境，而且得到的资源也有限。汕头贵屿多年来一直存在电子垃圾拆解产业，其方法就是将废弃电路板酸浸、烧制，回收其中的贵金属而弃去废液。由于拆解工艺简单，很多资源留在废液中而未得到回收。更严重的是，随意处置的废液使当地遭受重金属污染，居民的生活也受到了严重影响。

合理处置“垃圾”能变废为宝。从百姓的角度看，家中的垃圾流入回收渠道，能得到相应的回报。从企业的角度看，处理垃圾既能盈利，也履行了社会责任。同时，企业发展又能提供更多的工作岗位。从社会的角度看，将城市中潜在的“垃圾”聚集起来，经过处理就能变成新的资源；资源得到循环，城市就能变成一座永不枯竭的“矿山”。

综上所述，合理处理垃圾，是发展过程中的必然选择。

④技术

21世纪初，国内城市矿产的技术还比较落后，距国外先进水平有很大的差距，但经过短短十几年的发展，一系列政策出台，涌现了一大批城市矿产企业，相关工艺技术也取得了很大进步，一些领头企业甚至达到国际领先水平。

政府重视科技的作用，鼓励高科技的发展。2012 年《“十二五”国家战略性新兴产业发展规划》强调发展高科技循环产业，让科技促进循环经济发展，政府在技术方面给予企业相关支持。

很多企业重视技术的研发、设备的升级，与大学合作，共同解决技术上的难题，如天津子牙就设有天津大学资源再生与再制造研究中心、南开大学中国再生资源研究中心、天津理工大学循环经济研究院子牙分院等。此外，企业有自己的技术研发中心，荆门格林美、浙江宁波金田产业园设有博士后工作站，通过技术进步实现工艺改进、产值提高；天津子牙同时有自己的科研中心，在技术上多有创新，例如，研发出了能将回收塑料处理成食品级塑料的技术。

部分高校除了与企业的合作外，也在研究城市矿产的技术。如清华大学环境学院相关课题组曾结合国家发展和改革委员会“城市矿产示范基地”建设的工作需求，对城市矿产资源的开采潜力、环境效益和对原生资源替代水平进行评估。高校在技术引领方面发挥了重要的作用。

国内在自主研发、创新的同时，也注重国际交流。一方面，引进国外先进设备，学习西方先进技术；另一方面，推广国内技术。由国内多方承办的 UM EXPO ——城市矿产博览会，集中了全球范围内众多城市矿产先进技术，促进了各方交流经验。

技术的进步带来了更安全的生产工艺、更优质的产品资源、更经济的产业链。没有科技作支撑，城市矿产也难有突破性发展。

（2）产业因素

①供应商

在城市矿产开发产业中，供应商大致可分为两类，分别为国内的废旧资源回收个人和机构，以及国外废弃物的进口。

首先对国内资源回收进行分析，废旧资源回收的环境壁垒是非常低的，进入和退出都比较容易，前期由于政府还未制定比较有效的回收机制，行业中存在数量巨大、规模较小的回收个体。正规的资源再生企业由于废旧资源回收成本过高和回收量不足的双重压力而经营困难。而近些年来，由于国家对城市矿产发展的重视，综合化、集体化的趋势渐渐显现，对于各种小作坊的合并转移打击力度也有所加强，小作坊的生存空间越来越小，逐渐并入工业园或者消失。与此同时，随着处理技术的增强，大工业园即便会有废物处理的支出，但往往比小作坊的盈利更高，更容易适应较高的原料价格，这更加剧了小作坊的生存环境，同时，随着一些回收 APP 的推广，如回收哥等，小作坊的来源市场更加受限。但即便如此，国内缺乏有效的回收机制对于城市矿产企业的发展影响依然是巨大的，会造成巨大的浪费。相比于日本，产品从生产到利用回收都有一套完善的机制，我国现阶段的回收机制仍不完全，无论是从产品的生产还是废物的分类都有待加强。

其次是国外的来源问题，现阶段来说，由于国内的垃圾分类系统不完善，不能有效处理国内自身的垃圾，为了促进城市矿产企业的发展，使其尽快步入正轨，进口国外的垃圾就成了一个重要途径，目前进口废旧资源的国家根据类别的差异很大，但大部分是发展中国家，随着这些国家的发展，也渐渐意识到城市矿产利用的重要性，因此对进口我国废弃物也有了一定的限制，国际上垃圾的价格不断走高，有一部分企业由于市场的波动而倒闭，但其余的企业则是寻求新的出路、发展增值业务，如产业升级、开展新的业务或在原有基础上再加工，获得更大的利润。

②消费者

在城市矿产开发产业中，买方主要由再生原材料需求者和再生产品需求者两部分组成。再生材料需求者主要以矿产资源需求性企业为主，在国内原生矿产资源日益匮乏、国外矿产资源进口不稳定的大背景下，矿产资源需求性企业对再生资源的需求是非常迫切的，也就是说再生资源作为企业生产原材料的市场空间很大。对于再生产品需求者，他们多数偏好具有新型优良品质的再生产品，当某种再生产品拥有不存在于传统产品中的某些优势时，需求者多数愿意出较高的费用进行购买。相反，对于性能与原有产品相差无几的产品，价格优势也不是很明显时，出于风险等各种原因，需求者更愿意选择传统的商品。

③替代品

城市矿产的产品大致分为两类，一类是再生原材料产品，另一类是通过一定深加工处理形成的新型再生产品（如可乐瓶、木塑等）。与再生原材料相互替代的是一些原生资源，它们之间具有很强的相似性，对于两者的选择差异主要在于价格，矿石的优势在于提取技术比较成熟，来源比较稳定，受外界因素影响比较小，但是矿石中有用的资源含量比较少，而城市矿产中的再生原材料产品的好处在于其中金属含量比较高，提取比较简单，但是可能受废旧资源的影响，来源不太稳定。因此，需求者对于两者的选择，主要在于价格，甚至于在原生资源的价格略高的时候，一些需求者为了规避风险，依然偏向于选择来源较为稳定、风险较小的原生资源。而对于再生原材料产品，由于它具有传统材料所不具有的高性能优势，相比之下，在市场上能够替代的产品有限，竞争也不是十分激烈，因此在这方面企业无须在价格上进行竞争，而是要加强产品的技术含量，使其在性能方面能够领先，此外企业也可以发展差异化战略，从而带来超额收益。

④潜在进入者

潜在进入者进入的难易程度主要是依靠行业壁垒判断的，而城市矿产企业的行业壁垒具有不确定性，这种不确定性主要与政府的监管力度有关。当缺乏有效的监管和准入机制时，行业进入的壁垒是非常低的，进入该行业只需要少量的人力、资金和简单的设备即可，他们在乎的是利益，对于其他环境、社会方面的危害并不在意，这些作坊进行粗暴的拆解，只留下价值高、易回收的资源，而其他的资源就被肆意地丢弃，造成“二次污染”“二次浪费”，被利用完的资源再利用的难度大大增加，也会对环境造成极大的危害。但是当政府加强对企业的监管时，行业的进入壁垒显著增加。政府对于城市矿产的态度首先在于其对环境的作用，当考虑到环境因素时，会要求企业在资源再生的过程中保证生产排放达到国家环保标准，这就必将增加企业的成本。同时，由于中国垃圾的产量巨大，城市矿产企业就必然数量很多、规模很大，如果将这些数量众多的企业无秩序地分布，还要求他们完全符合国家的环保要求，建设所耗费的成本无疑是巨大的，而且还需要大量的人力进行监管，这显然不合理，因此，规模化、园区化的发展战略是必然的，同时园区化、规模化之后资本会变高，就可以购买更加先进的机器和生产线，提高效率、降低成本，而那些小作坊缺乏资金，国家政策也不允许，从而增加了企业的进入壁垒。

⑤行业现有竞争者

对于竞争问题，大致可以分为两类，一类是国家支持的大型企业与各种废物处理不是很完善的小作坊之间的竞争，另一类是各种大型企业之间的竞争。对于第一类，事实上，在国家出台相关政策之前还是比较激烈的，小作坊由于不用考虑废物处理的费用，甚至可以高价在回收市场抢夺废旧资源，干扰市场，给环境造成极大的伤害。随着这几年国家的日渐重视，非法的小作坊基本上已经进行了整改或者取缔，同时由于技术的不断发展，大企业的效率也有了大幅度提高，成本更低，再加上国家的打压，小作坊的市场竞争力已经远不如从前。而对于第二类的竞争，事实上并不是很激烈，由于每个企业主要经营的产物有所不同，所回收的原料也不相同，同时，在国家的规划过程中也充分考虑每个企业生产效率以及所在地区的废旧资源产生速度，这种措施就有效地保证了资源的合理分配，高效利用，相当于国家通过指定企业对各个地区废旧资源进行了分配，避免了因一些不合理的竞争导致的一段时间内废旧资源供应和需求不匹配，有利于大型企业的平稳发展。

2 对现有企业的分析

（1）广东清远华清循环经济园

华清循环经济园位于广东省清远市清城区石角镇了哥岩水库东侧，规划 4 030 亩（1 亩 = 1/15 hm^2），分期开发建设。一期工程接纳了 100 多家废电线电缆、废五金拆解散户入园拆解作业，从业人员 4 000 多人，园区拆解加工废铜、废钢铁、废铝、废塑料能力在 60 万 t/a 左右。二期年实现年循环利用各类城市矿产资源 80 万 t，其中：废铜 30 万 t，废钢铁 25 万 t，废铝 15 万 t，废塑料及其他 10 万 t。三期实现年循环利用各类城市矿产资源 120 万 t，其中：废铜 40 万 t，废钢铁 40 万 t，废铝 20 万 t，废塑料及其他 20 万 t。

清远并无有色金属矿产资源优势，再生有色金属产业却是清远三大支柱产业之一，占清远 GDP 的 1/3，为清远市经济发展做出了重要贡献，其经验特点值得借鉴。

清远华清的成功主要在于以下几个方面：

①产业基础雄厚

清远市也是中国再生金属产业发展最早的地区之一。废旧五金拆解加工产业是清远市的传统优势产业和支柱产业。改革开放后，第一代从事再生金属生产与加工的民营企业家皆发迹于此。农民作坊拆解废五金、废电线电缆和废电子产品的历史近30年。

②政策扶持有力

清远市专门出台《关于加快循环经济产业园区建设发展的若干规定》《关于扶持清远华清循环经济园城市矿产示范基地建设的措施》，在组织保障、配套设施建设、项目用地、税收奖励、收费优惠及技术服务等方面制订支持华清循环经济园发展的政策措施。

广东省新一轮产业转移也为清远带来机遇。2008年5月，“双转移”政策正式出台，并制定《广东省产业转移区域布局指导意见》，对粤北山区主要承接的产业作出指引，其主要承接的产业很多涉及有色金属产业，致使该产业在广州、佛山和清远之间的空间重组尤为盛行。

③功能定位明确

从目标定位看，广东清远华清循环经济园以再生铜为主导产业，“清远铜”极具国际影响力，在英国伦敦金属交易所和美国纽约金属期货交易所报价牌上，“清远铜”的价格波动直接影响国际铜价的涨跌。

从功能分区来看，园区将再生资源利用产业园区用地进行明确的细分，包括综合办公、运输仓储、拆解交易、产品加工、污染处理、配套服务、生态绿化等区块。

④重视基础设施建设，重视按照产业发展规划布置区块

华清循环经济园不仅集中建设再生资源集散市场、物流园、技

术研发中心、信息中心等，而且重视环保设施配套建设。园区对环保设施进行超前规划，通过规划建设污水处理系统、固废处置中心、危险废物处置中心等保障园区的可持续发展。其中，在园区配套建设污水处理厂和固体废物收集处理系统，在我国再生资源加工工业园区是首创。

⑤回收体系健全

华清循环经济园充分发挥利用中国再生资源开发有限公司的回收网络优势，通过华南回收网络现有的500多个回收网点，每年回收利用各类再生资源40多万t。为满足大量再生资源的运输要求，园区十分注重构建便捷、高效的现代物流体系。华清循环经济园建有废旧物资专用查验场，园区企业可以在园区内享受报关、报检、储运、包装、分送等一站式服务。其拥有完整的再生金属产业链，原料供应商和下游厂商为数众多。

⑥配套服务高效

华清循环经济园建立现代化的再生资源技术开发平台、信息服务平台、资金服务平台和市场交易平台，并引进中国银行华清支行、农村信用社等金融机构，为入园企业提供优质、便捷的配套服务。已经投入使用的信息服务中心，能够每天向园区内100多家经营户发布国内主要金属市场信息。

⑦管理模式创新

华清循环经济园由中国再生资源开发有限公司组建清远华清再生资源投资开发有限公司，负责园区的建设和运营；亚洲金属资源再生工业基地管委会主要负责相关事项的协调、园区的基础设施建设及日常管理，后勤服务均由民营公司承担。

（2）湖南汨罗循环经济产业园

湖南汨罗工业园位于汨罗市的汨罗江边，这里交通便利，气候适宜，基础设施完善，有利于园区的发展。按功能布局，园区基本形成了“再生资源集散市场、有色金属加工区、机械电子制造区、精细化工生产区及塑料制品深加工等工业区域”。

汨罗循环经济有几大发展优势：

①回收网络发达

汨罗已建立覆盖全国大部分省（市）的社会化回收系统，园区内的“汨罗再生资源集散市场”是中南地区最大的再生资源交易中心。同时，汨罗借助相关政策，进一步发展废品收购产业，形成巨大优势。

②政策支持力度大

2005 年 10 月，汨罗再生资源集散市场被列为首批国家循环经济试点单位。2010 年，园区被列为首批城市矿产示范基地。政府对园区提供了一系列政策支持和资金扶助，促进了园区的发展。

③规模效应凸显

园区的诸多优势吸引许多企业进驻园区。这些企业优化了产业结构，提供了新的管理模式，也促进了科技、工艺的进步，“园区逐渐发展为人流、物流、资金流、信息流的交汇中心和聚集洼地”。由于再生资源行业的壮大，该行业带动了全市的发展，提供了许多就业岗位，带动了物流、包装、建筑、信息等产业的发展，而这又促进了园区的发展。

④服务平台不断发展

园区组建了再生资源行业财务服务所、行业信用协会、会计咨询公司、资产管理公司、中小企业信用担保公司，形成“五位一体”的信用平台，创造了良好的融资环境。通过“五位一体”的构建，园区引入了更多的资金，促进了企业、园区的发展。

（3）荆门格林美

格林美从2001年在深圳创立到2010年上市，在湖北、江西、河南、天津等10余省市建成十二大循环产业园。年处理废物300万t以上，循环再造钴、镍、钨、金、铑、锗等20多种稀缺资源、超细钴镍粉末、新能源电池材料、塑木型材等高技术产品。

格林美的成功主要在于以下3个方面：

①顺应时代潮流

格林美的发展赶上了国家发展的大环境。随着改革开放的进行，在21世纪初，人民更关注于自身的健康。但是不得不说，在21世纪之前我国忽视了对环境的保护，雾霾、酸雨等环境问题给人们健康带来了很大的威胁，而传统焚烧或填埋垃圾的做法则会造成极大的危害。

与此同时，随着世界上矿产储量越来越少，矿产枯竭之后未来该如何发展成为我们不得不面对的问题。面对这个问题，从我们已经使用过的废物里重新提取则变成了一个必然的方法。格林美抓住了这一机遇，顺应了国家的政治经济形势，因此在这十几年以来飞速发展。

②通过技术创新取得领先地位

技术创新是格林美发展腾飞的关键所在。格林美公司非常注重技术创新。这十几年间，先后组建了国家电子废弃物循环利用工程技术研究中心等研究机构，强大的研发能力为其在行业内领先提供了条件。同时，格林美公司还设立博士后工作站，不断培养人才。正因为如此，格林美公司才能够突破废旧电池、电子废弃物、报废汽车和废旧稀有、稀贵、稀土金属等四大废物资源利用的关键技术，领先的技术使格林美公司在其经营过程中得到持续的发展。

③创建了完备的企业模式

格林美的企业模式是非常优秀的。在原料方面，格林美开发回收哥，利用网络，形成“互联网＋分类回收”的全新模式，为其稳定发展提供了条件。在处理加工方面，格林美所有的处理都是流水线加工，同时自己研制或引入外国先进的技术，大大提高了生产效率。而管理方面，格林美采用信息技术，在每一个处理车间都会有监控录像和总台相连，因此只需要有人在总台就可以监控大面积的工厂，大大提高了生产效率。

（4）天津子牙循环经济产业园

天津子牙循环产业园位于天津市静海区西南部，目前是中国北方最大的循环经济园区，先后被批准为“国家循环经济试点园区”“国家城市矿产示范基地”“国家循环经济教育示范基地”等。

园区总体规划面积 135 km^2，现有企业 160 家，年吞吐能力为 100 万～150 万 t，每年可向市场提供原材料铜 40 万 t、铝 15 万 t、铁 20 万 t、橡塑材料 20 万 t，其他材料 15 万 t，形成了覆盖全国各地的较大的有色金属原材料市场。

天津子牙的成功主要在于以下几个方面：

①政策扶持有力

天津市出台《关于天津子牙循环经济产业区发展的若干意见》，规定全市汽车只能进园区进行报废拆解，5 年内财政收入地方留成部分全部返还园区，同时园区享受开发区的审批权限等。

②功能定位明确

从目标定位看，天津子牙循环经济产业区提出打造中国规模最大、功能最齐全的再生产业基地。从功能分区来看，子牙循环经济产业区总体布局为“一心、两带、三轴、三区”，即：高标准的科研服务中心（一心）；林下经济发展带，子牙河生态保护带（两带）；黑龙港河景观发展轴，高常快速路综合发展轴，迎宾大道产业发展轴（三轴）；产业功能区，科研服务功能区，居住功能区（三区）。重视基础设施建设，建设技术研发中心、信息中心等。重视环保设施配套建设，规划建设污水处理系统、固废处置中心、危险废物处置中心等保障园区的可持续发展。

③主导产业引领

园区选择废旧电子信息产品拆解加工业（重点是白色家电和无线通讯设备）、报废汽车拆解加工业、废旧轮胎及塑料再生利用业、废旧机电产品拆解加工业、精深加工与再制造业五大产业作为主导产业，并按照产业发展规划布置区块。同时，延伸产业链条，发展电子零件、机电零部件的修复业、新能源、环保、绿色物流服务业等。

④回收体系健全

天津子牙循环经济产业区建有“无水港”、保税仓库和专门用于进出口运输的监管车队及铜、铝、橡塑等原材料交易市场，物流体系便捷、高效。

⑤技术研发支撑

园区建立了以企业为主体、产学研紧密结合的技术创新机制，创建再生资源科技研发中心，建设科技成果展示和孵化平台。

⑥管理模式创新

天津子牙循环经济产业园建有综合管理服务大厦，对各类建设项目实行集中审批、限时办理、一条龙服务，并设有工商、公安、税务、海关、检验检疫等派驻机构，形成海关、检验检疫、环保、园区“四位一体”的联合监管体制。

3 城市矿产企业的发展战略

鉴于以上的分析总结，结合城市矿产发展的实际情况，为了探究未来城市的发展方向，提出城市矿产未来的发展战略，即园区化、专业化、生态化发展、技术创新战略。

（1）园区化发展战略

推动城市矿产城市化发展是促进产业规范和健康发展的重要战略举措。企业园区化发展，就是将相关的资源再生企业进行集中，使其互相联系，实现对不同废物综合治理。这样的好处巨大。首先，园区化发展，可显著降低政府的监管成本，先前不同企业的分散对于政府的监管是十分不利的，需要消耗大量的人力、物力，而且监管的效果也不是很好，而园区化之后，将不同的企业放在同一个园区内，只需要少量的人力即可完成，还有利于相关法律法规及监管政策的具体落实，为政府有效监管创造便利条件，促使其考虑环境因素。此外，园区内拥有大量不同的企业，可以处理大量不同的垃圾，为垃圾的回收也创造了便利条件，一个园区甚至可以处理一个区域内所有的城市矿产垃圾，因此，只需要将垃圾全部运送到园区即可，大大提高了再生利用率，减少回收成本。同时，一个大的工业园区可以带动一个地区的经济，能产生聚集效应，吸引众多相关服务、支持企业的入驻，大企业吸引相关服务的话语权高，可降低交易沟通成本，弥补目前资源再生企业普遍规模不足的问题。

在城市矿产企业园区化发展战略下，目前我国大力推动国家城市矿产示范基地建设的政策是值得肯定的，应继续保持。设立城市矿产企业园区，在吸引企业入园方面，可使用行政和经济手段相结合，一方面行政上通过设置行业准入障碍、严格审查等行政手段，促使企业入园发展；另一方面以较大力度的补贴、税收减免等优惠政策吸引企业入园。同时应做好园区基础设施的建设，出台引进下游企业、延长产业链的相关政策，发展生产服务性产业（如物流、技术研发、信息咨询等）以及完善相关配套产业（如装备制造、化工等），为形成区域产业集群创造基础条件。

（2）专业化发展战略

城市矿产专业化发展是指针对单个特定形态的城市矿产企业，或可合并为同一生产线的多个形态的城市矿产进行重点开发，简单来说就是要对某些特定的回收项目做精。这是由城市矿产来源与形态的特殊性决定的。每个区域内主要废物的种类是不一样的，这与地区的经济发展与产业结构有关，只有依照当地的实际情况进行针对性发展，企业发展的原料才有保障。同时，由于一种同样的废弃物会有不同的形式，无法通过相同的方法统一处理，只有专业化发展才会使某种特定的资源得到合理高效的利用，从而避免能源的浪费。

（3）生态化发展战略

生态化发展战略就是将城市矿产企业所产生的废物完全无害化，同时降低对周边居民的影响。对于生态化这方面的趋势可以说是显然的，因为国家发展城市矿产的目的就是变废为宝，消除电子垃圾等废旧资源对环境的伤害，同时能够从中提取出有用的物质进行再利用。其中，消除对环境的危害在国家层面应该是主要的，因此将来必然会在控制处理过程中污染物的排出方面有进一步的发展。此外，在降低对周边居民的影响方面，由于这些工厂会产生大量的噪声，因此即使有了回收装置，工厂仍然会不可避免地产生一些废气，这些都会对周边居民产生一定程度的影响。为了解决这一问题，大多数工业园区更倾向于在郊区建厂，并且做大量的绿化工作。如天津的子牙经济开发区，就是将绿化贯彻到整个工业园区的建设中，用树林将相邻的工厂隔开，既美观又解决了对周边环境的影响问题，有很强的借鉴意义。

（4）技术创新战略

毫无疑问，城市矿产的未来是离不开技术创新的。无论是什么产业，技术创新无疑都是推动其发展的第一生产力，城市矿产企业也不例外。将来城市矿产的技术发展可能有三种，第一种是降低成本，在原料价格不变的情况下，通过技术的改进降低处理的成本或者提升生产的效率，同时保证对于环境无损伤，提升产品的效益。第二种是对成品进行更深层次的加工，提升产品的质量使其与传统商品相比拥有更好的性能，增大产品竞争力，为企业的发展赢得空间。第三种则是在环保方面，对处理废旧资源产生的污染物需要消耗很多资源，如果能有技术突破就会使成本上节约很多。因此，城市矿产企业要想健康发展，技术创新必不可少。

第七部分　城市矿产发展前景

1 自动化的可能性

（1）自动化的优势与局限

自动化的优势不言而喻。自动化最集中的优势就是解放劳动力，随着人工成本的不断提高，企业会越来越倾向发展自动化。

但是，自动化也有其局限性。在社会层面看，城矿依旧是一个劳动密集型产业，若大规模引入自动化、机械化，很容易导致大规模失业。如河北魏县，全县 105 万人，将近 40 万人在城矿企业就业。若不妥善处理人力与机械的应用比例，很容易引发社会问题。在成本上看，完全机械化的成本也相当高昂。在技术层面看，在处理过程最前端的分选工序依旧需要人工操作。这是因为原料中会混有各种杂物，这些杂物（如木头块、铁丝）很容易会使机器故障。因此，目前国内外比较好的企业采用的是先人工分选，再机器处理的方式。例如，塑料瓶的回收处理，剥包装纸、瓶盖，分选都可以靠机器，因为各种来源的瓶子会混有许多杂物，所以机器前端还是先要人工分选。因此，尽管自动化有着一系列的优势，但是完全的机械自动化可能性不大。

（2）国内现状

整体情况是人工与机械的结合使用。在拆解方面，一般会有两种情况：一种情况是先进行人工初拆解，再进行自动化拆解；另一种情况是先自动化撕碎，再进行人工分选。而在进一步处理方面，以化学反应为主的操作自动化程度比较高。比如，格林美公司的萃取数字化控制系统，就可以实现全自动化。这个系统服务于二元动力电池材料制造中心和镍钴锰三元电池材料制造中心，拥有自动化控制系统。但是，由于原料本身的性质，以物理拆分为主的操作，大多数还是由非自动化手段进行。

（3）我们未来的方向

由于劳动力成本不断增加与对工人健康的保护意识增加，开发城市矿产的自动化程度会越来越高，最终通过提高机械操作，降低人工操作实现工业化与信息化的深度融合。然而，在中国实现完全自动化的可能性并不大。一方面是因为技术成本与就业问题，另一方面是自动化技术难以满足使用需求。我国的许多产品生产缺乏严格的国家标准，导致产品型号众多，拆解处理方式复杂多样，使用设备种类庞杂，难以应用较为单一的自动化处理。如汽车，国产汽车型号众多，不同型号的汽车拆解方式差异较大，即使是同款车，也可能因为有不同的生产年份而有不同的内部结构，因此机械化自动化的难度较大。所以，如果要提高后期处理的自动化程度，就必须从源头抓起，从生产开始严格执行国家标准，降低拆解处理的复杂程度。

2 加工模式的选择

（1）粗加工与深加工的定义

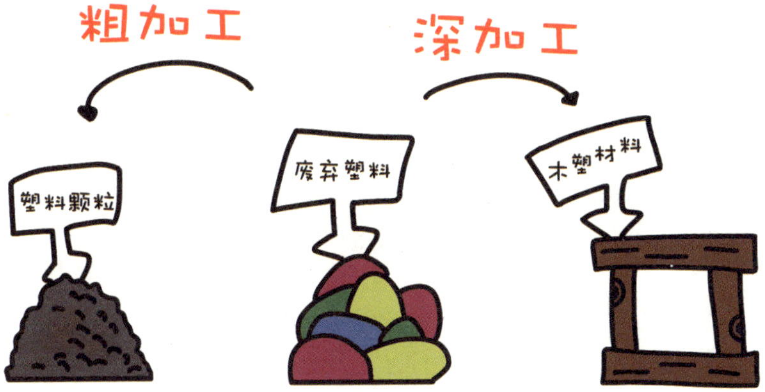

粗加工与深加工是两种产品定位不同的加工模式。从定义上讲，粗加工指的是对原料进行简单加工或初级加工，而深加工则是指对半成品进行再次制造，使其更具价值。在城市矿产的开发之中，将可回收原料处理还原为再生材料可以看作是粗加工，而将还原回来的再生材料再生产为新的产品就可以看作是深加工。比如，将塑料制品生产为塑料颗粒属于粗加工，而将塑料颗粒生产成木塑材料就属于深加工了。

（2）不同选择的结果

由于对产品的定位不同，加工模式的不同不仅会导致使用的技术不同，更重要的是会导致产品的类型不同。粗加工所需要的技术水平不高，但产品附加值比较低，企业利润也比较低。不过，对于一些原生材料已过剩的原料，其开发一般就采取粗加工。比如，对钢铁的深加工是比较少的。因为目前钢铁企业的产能严重过剩，如果城市矿产的企业也去做钢铁，可能很难从中获取利润。相比于粗加工，深加工所需的技术要更高，但产品生产链相对更长，产品附加值更高，企业利润自然也更高。比如，天津新能再生资源有限公司旗下的天津瑞和木塑有限公司，就是以生产木塑产品为主要业务。他们不是将废旧城市矿产资源经过拆解和提炼处理后就出售，而是再一次将它们制作成新的产品。通过把原来的将塑料直接卖掉的生产模式改为进一步深加工，实现了再生资源产业和再生资源产业链的延伸。

（3）结合中国的情况

对于大部分的原料，深加工的比例会逐渐上升。如今，中国大多城市矿产开发企业还不能实现经济独立，其主要原因就是产品的利润过低。要解决这个问题就要提高产品附加值，即推广深加工。比如，格林美公司最主要的利润生产线是废旧电池的生产线，格林美通过废旧电池回收、拆解、分离、深加工，能够达到不需要国家补贴就能得到很好的发展。但是像“四机一脑”就没有深加工产业线，产品价格提不上来，这部分就需要国家的补贴支持。因此，中国若是希望城市矿产的开发能够更为持久与独立，精深加工的比重应该要远超粗加工，为开发企业获得高额甚至是超额的利润。

3 “互联网+绿色循环”

在“互联网+”时代，城市矿产行业也跟紧潮流，推出了“互联网+绿色循环”。这并不是盲目跟风，而是实际需要带来的产物。我国城市矿产资源储量大，原料的回收率也大，但再生利用率不高，二次污染严重。这与我国回收人员分散，回收行业不规范有密切关系。而互联网的引入有希望能解决这样的问题。同时，再生资源行业拥有规模小、价值低、分布面广、回收分散的特点，这与互联网扁平化的特点相吻合，因此再生资源行业先天具有互联网化的条件，实现“互联网+绿色循环”不仅是大势所趋，更是十分可行的。

（1）“互联网+绿色循环”的优势

①成本低

互联网能够将空间中零散的点集中起来，能够实现原料从家庭—

回收网点—城矿企业的简单过程，省去传统产业中间的层层环节，从而实现更低的回收成本。

②信息及时透明

互联网能够让所有参与者都处在一个透明的信息平台上，使城市矿产的回收有着透明的渠道、透明的成本，以及透明的处理，效率达到最大。

③突破地域限制

在“互联网＋”时代，用户足不出户就能完成城市矿产的回收，便捷的操作使得城市矿产的回收量更大。

④环保效益增强

传统回收渠道杂乱，回收人员不规范，常常一方面导致资源不能被合理回收，另一方面产生严重的二次污染。“互联网＋回收”则能很好地解决这个问题。专业化的回收平台与回收人员严格把控回收过程，在回收源头控制污染，大大增强了环保效益。

⑤行业相对集中

更高效的回收模式吸引了更多的城矿企业，目前已有许多城矿企业与回收网站合作，打造出更加完善稳定的产业链，形成更加集中的城矿产业。

⑥资源整合发展

互联网通过整合人员、整合物流、跨界整合、整合服务，最终实现线上与线下的整合，打通全产业链环节，使城市矿产的开发形成一个良好的生态系统。

⑦规范化、规模化、回收空间更大

基于 O2O 的城市矿产回收模式，借助固定的回收平台与流程，以及较为完备的资源数据库和信息管理系统，可以摆脱传统的粗放型单一回收，实现全品类回收，形成系统性、可视性的回收模式。

（2）“互联网＋绿色循环”的困难

虽然发展态势良好，但是“互联网＋绿色循环”仍然存在着许许多多的问题。在理念上，“互联网＋回收”模式成本与观念双难；在技术上，“互联网＋回收”对互联网回收运营商的专业化水平有极高的要求；在竞争上，“互联网＋回收”与传统回收模式存在激烈的博弈；在效果上，“互联网＋回收”在用户与平台的信息沟通上做的还不完善，导致双方信息不对称，估价不合理等。

（3）“互联网＋绿色循环”的政策支持

国家对“互联网＋绿色循环”给予了很大的政策支持。在 2015 年 1 月商务部、国家发展和改革委员会等 5 部门共同发布的《再生资源回收体系建设中长期规划（2015—2020）》中就明确提出要培育回收模式的创新工程。在“十三五”发展规划中，“互联网＋循环利用”也是推动生态文明建设与循环经济发展的重要内容。2015 年 4 月，国家发展和改革委员会印发的《2015 年循环经济推进计划》中明确提出要探索“互联网＋回收”的模式和路径，这是第一个比较全面部署“互联网＋再生资源”的文件。同时，国家发展和改革委员会鼓励城市矿产示范基地运用“互联网＋”理念进行回收利用创新，并对已经采用或计划采用“互联网＋”理念的申报单位给予相应的分值。不难看出，国家对“互联网＋绿色循环”给予了大力支持。

（4）现在的发展

目前“互联网＋绿色循环”主要体现在“互联网＋回收”。市场上的“互联网＋回收”平台有APP和网站两种模式，APP有格林美的回收哥，网站则有爱回收、回收宝、易机网、回购网、乐回收、绿淘网、多科网、来卖网等。比如，回收哥，下载后可以卖废旧家电等，可以在APP下单，在线支付，线下回收，当面称重，实现线上线下结合回收城市资源。

4《亚太区域金属资源回收公共私营伙伴关系计划》

（1）背景与目标

在城市矿产的众多资源当中，金属资源无论在数量上还是重要性上都拥有着绝对地位。而且，随着家电与个人电子产品的普及，金属资源对全球经济与再利用资源的发展都至关重要。2013年，由国际资源专家委员会编写、联合国环境规划署（UNEP）发行的两份报告《金属循环：机遇、限制和基础设施》和《人为金属流动和循环所带来的环境风险与挑战》都指出，要降低初级采矿的环境影响和能源消耗，就必须改善目前对含金属的复杂产品的回收方式。而资源效率是UNEP中期战略（2010—2013）中六个优先发展的领域之一，旨在促进发达国家与发展中国家的资源利用效率，实现可持续消费与生产。

UNEP 同时提出，要在发展中国家及经济转型国家进行能力建设并开展示范项目（尤其是电子废物方面），以实现“优化废物减量、循环和回收，促进地方层面的资源和原材料高效使用”的目的。

然而，亚太地区与许多发展中国家的金属资源回收利用行业仍处于起始阶段，在回收体系的顶层设计、管理体制和工作机制、资金机制和优惠政策、整体技术研发、产业集聚与产业链的发展以及高新技术人才的引进和培养上还有较大的上升空间。因此，巴塞尔公约亚太区域中心（以下简称“亚太区域中心”）发起了亚太区域金属资源回收公共私营伙伴关系计划。

该计划的总体目标是在亚太地区建立一个开放的金属回收和资源利用平台，并以此作为全球范围内金属循环的示范工程；培养和建立高水平的金属资源回收利用技术团队和教育示范基地，为回收利用产业提供技术支持，同时为提高群众意识提供教育服务。其具体目标有四点：①提升亚太区域资源利用效率，保护生态环境，保障人体健康；②促进正规金属回收产业的发展；③建立和发起金属循环的宣传和教育示范基地；④培养高水平的管理和技术人才。

（2）具体活动

亚太区域金属资源回收公共私营伙伴关系计划的具体活动有八项。

① 建立区域范围的金属资源回收信息共享平台；

②搭建以典型金属味核心的 3R 信息中心；

③开展资源回收示范项目，促进技术进步；

④选择典型企业建立综合性教育示范基地；

⑤打造资源回收利用技术转移平台；

⑥设立资源回收奖项；

⑦建立金属回收和资源管理的高层次人才培养网络；

⑧构建典型金属再生资源的大数据环境信息示范体系。

（3）执行机构

金属资源回收伙伴关系计划在联合国环境规划署亚太地区办公室的领导下，由巴塞尔公约亚太区域中心负责实施，联合国环境规划署驻华代表处提供支持。亚太区域中心为项目实施提供部分办公场所和人员。

参考文献

第一部分

[1] 雅各布斯 . 城市经济 [M]. 北京 : 中信出版社，2007.

[2] 何亚群 . 电子废弃物资源化处理 [M]. 北京 : 化学工业出版社，2006.

[3] 胡华龙 . 电子废物综合管理 [M]. 北京 : 化学工业出版社，2011.

[4] 周永生 .“城市矿产”概论 [M]. 世界图书出版广东有限公司，2012.

[5] 付小勇 . 废旧电子产品回收处理中的博弈模型研究 [D]. 大连 : 大连理工大学，2012.

第二、第三部分

[1] 柳元 . 城市矿产资源潜力与产业对策研究 [D]. 北京 : 清华大学化学工程系，2011.

[2] 季晓立 .“城市矿产”资源开采潜力及空间布局分析 [D]. 北京 : 清华大学环境学院，2013.

[3] 王昶，徐尖，姚海琳 . 城市矿产理论研究综述 [J]. 资源科学，2014,

36(8):1618-1625.

[4] 胡小清，刘赛男，周立，等 . 城市矿山再生利用若干问题探讨 [J]. 经济观察，2014(1):3-5.

[5] 曾现来 . 典型电子废物部件中有色金属回收机理及技术研究 [D]. 北京 : 清华大学环境学院，2014.

[6] 樊旭，高山 . 电子废物的危害与污染防治的对策的探讨 [C]. 中国环境科学学会学术年会论文集，2010: 3543-3546.

[7] 王福彦，梁勇，陈征燕，等 . 电子废物中持久性有机污染物对健康影响的调查 [J]. 中国热带医学，2010, 10(3): 391-392.

[8] 夏海 . 废旧汽车拆解回收及其产生的环境问题研究 [D]. 长沙 : 湖南农业大学，2010.

[9] 张晓丽，商平，崔崇威 . 废旧塑料的环境污染与资源化技术分析 [J]. 炼油与化工，2009(2): 33-37.

[10] 汤桂兰，胡彪，康在龙，等 . 废旧塑料回收利用现状及问题 [J]. 再生资源与循环经济，2013, 6(1): 31-35.

[11] 刘凤起 . 废弃橡胶轮胎对散体材料环箍能力的试验研究 [D]. 沈阳 : 沈阳建筑大学，2013.

[12] 徐敏 . 废弃印刷线路板的资源化回收技术研究 [D]. 上海 : 同济大学，2008.

[13] 刘维桥，尚通明，雷卫宁，等 . 废弃印刷线路板资源化与无害化

处理研究进展 [J]. 环境科学与技术，2011, 34(4): 48-54.

[14] 王一岭 . 废塑料的污染与防治 [J]. 农业与技术，2014, 34(4): 247-248.

[15] 周永生，章昌平 . 国内外“城市矿产”研究与实践综述 [J]. 学术论坛，2012(4): 118-125.

[16] 刘兴利 . 积极开发“城市矿山” 全面协调发展循环经济 [J]. 再生资源与循环经济，2009, 2(9): 3-6.

[17] 康牧熙 . 基于网络模型的废塑料回收流程生命周期评价及优化 [D]. 北京 : 北京化工大学，2010.

[18] 曲永祥 . 解读“城市矿产”[J]. 中国有色金属，2010(24): 30-31.

[19] 黄珊艳 . 金属资源争夺战之“城市矿山”[J]. 有色金属工程，2012(2): 19-22.

[20] 刘志峰，薛雅琼，黄海鸿. 我国大陆地区电器电子产品报废量预测研究 [J]. 环境科学学报，2016, 36(5): 1875-1882.

[21] 丁明洁，陈新华，席国喜，等 . 我国废旧塑料回收利用的现状及前景分析 [J]. 中国资源综合利用，2004(6): 36-39.

[22] 胡守仁 . 我国废塑料回收和进口现状浅析 [J]. 再生资源与循环经济，2012, 5(8): 24-27.

[23] 钱俊生 . 循环经济与资源再生产业战略 [J]. 循环经济，2012(7): 17-20.

[24] 袁剑刚，郑晶，陈森林，等 . 中国电子废物处理处置典型地区污染调查及环境、生态和健康风险研究进展 [J]. 生态毒理学报，2013, 8(4): 473-486.

[25] 雪晶，胡山鹰，杨倩 . 中国废旧汽车再生资源潜力分析 [J]. 中国人口・资源与环境，2013, 23(2): 169-176.

[26] 李博，杨建新，吕彬，等 . 中国废旧手机产生量时空分布研究 [J]. 环境科学学报，2015, 35(12): 4095-4101.

[27] 郗宏勋，杨沿平，陈轶松 . 中国近阶段汽车报废量、新增量和保有量预测 [J]. 公路与汽运，2014(1): 30-34.

[28] 潘仲全 . 试论废纸再生与森林资源及环境保护 [J]. 中国林业产业，2016(4): 119.

第四部分

[1] 刘颖 . 废旧家电及电子产品回收制度研究 [D]. 内蒙古 : 内蒙古大学，2013: 1-24.

[2] 叶石柱 . 废旧家电回收处理工艺过程及环境因子评价研究 [D]. 兰州 : 西北师范大学，2012: 1-62.

[3] 胡华龙，邱琦，温雪峰，等 . 电子废物综合管理 [M]. 北京 : 化学工业出版社，2010.

[4] 李金惠，程桂石，等 . 电子废物管理理论与实践 [M]. 北京 : 中国

环境科学出版社，2010.

[5] 张世秋. 环境保护技术政策与污染物控制对策 [M]. 北京：中国环境科学出版社，2008.

[6] 国家发展和改革委员会资源节约和环境保护司. 废弃电器电子产品回收处理研究与实践 [M]. 北京：社会科学文献出版社，2012.

[7] 中华人民共和国环境保护部科技标准司，中国环境保护产业协会编. 环境保护技术发展报告 (2008 版)[M]. 北京：中国环境科学出版社，2009.

[8] 李金惠，温雪峰，等. 电子废物处理技术 [M]. 北京：中国环境科学出版社，2006.

第五部分

[1] 周永生，章昌平. 国内外“城市矿产”研究实践与综述 [J]. 学术论坛， 2012, 4: 118-124.

[2] 刘卓平，格林美. “城市矿山”开拓者 [J]. 中国金属通报，2011, 4: 32-35.

[3] 刘兴利. 唤醒沉睡的“城市矿山”——谈城市资源回收利用的巨大潜力 [N]. 中国经济导报，2009-06-27.

[4] 胡小青，刘赛男，周立，等. 城市矿山再生利用若干问题探讨 [J].

中国集体经济，2014, 1: 3-5.

[5] 周永生，张晓飞．美国“城市矿山”发展研究 [J]. 经济研究参考，2013, 15: 59-64.

第六部分

[1] 董芳雨．我国“城市矿产”发展的政策研究及比较分析 [J]. 中国集体经济．2013(18): 13-15.

[2] 张凤新．产业环境分析的方法研究．经济与管理 [J]. 2004, 8:77-78.

[3] 浙江省发改委赴外省市循环经济调研组．做强再生资源利用产业强化循环经济发展优势——赴天津子牙、湖南汨罗、广东清远等地学习考察报告 [J]. 浙江经济，2011, 14: 17-19.

[4] 田野，肖煜，宫媛．生态工业园区规划研究——以天津子牙循环经济产业区规划为例 [J]. 城市规划，2009, S1: 14-20.

[5] 金利霞，李郇，张虹鸥．广东清远市再生有色金属产业集群成长动力机制 [J]. 热带地理，2013, 3: 314-323.

[6] 赵沛楠，清远．循环经济变废为宝 [J]. 中国投资，2013, 3: 137-138.

[7] 张帆．创新再生资源产业发展模式——清远华清园的探索 [J]. 再生资源与循环经济，2008, 12: 21-23.

[8] 实现回收与利用的共赢 山东金升集团在临沂建设华东有色金属城

[J]. 有色金属再生与利用，2005, 5: 45.
[9] 周汉城 . 合理的产业链条 领先的技术装备 国家“城市矿产”示范基地——临沂金升有色金属产业基地 [J]. 再生资源与循环经济，2013, 10: 1-3.
[10] 周永生，贺旋 . 我国城市矿产发展战略研究 [J]. 江西社会科学，2014(11): 70-75.

第七部分

[1] 王怀栋，吴玉峰，左铁镛 .“互联网＋”时代我国 WEEE 回收行业的发展趋势 [J]. 资源再生，2015(6): 36-39.
[2] 周永生，高山 . 创新驱动下基于 O2O 视角的城市矿产“互联网＋回收”模式构建研究 [J]. 开发研究，2015(4): 29-32.
[3] 揭业良 . 电子回收搭上互联网＋快车 安全问题还是最大的坎 [N]. 通信信息报，2015-09-09（B3）.
[4] 幺新 . 再生资源“互联网＋”的判断标准和融合方向——在“‘互联网＋’时代再生资源产业创新发展论坛”演讲 [J]. 再生资源与循环经济，2015, 8(6): 1-2.

结　语

面对“四机一脑”，电线轮胎，你会想起什么？垃圾是资源吗？看完本书之后，我们应该能够肯定地答出：它们属于城市矿产，它们是我们的地上资源。首先，思想认识是中国城市矿产发展的基础。其次，我们还需要技术，没有技术，开发城市矿产不仅可能得不偿失，还极有可能带来二次污染。再次，我们需要一个运行良好的系统，保证技术能够被最高效率地使用。最后，我们更需要全面且合理的政策，为城市矿产的发展提供最大的推力。

我们已经做了很多很多，可是我们还需要做更多更多。希望我们能够做好这一切，使城市矿产成为一座真正永不枯竭的地上矿产。

特别鸣谢：天津子牙循环经济产业园

荆门格林美新材料有限公司